BUKU MASAK CANDIQUIK YANG PENTING

Terokai Kemungkinan Salutan Gula-gula dengan 100 Konfeksi yang Tidak Boleh Dilawan

Liang Bang Sit

Bahan Hak Cipta ©2024

Hak cipta terpelihara

Tiada bahagian buku ini boleh digunakan atau dihantar dalam apa jua bentuk atau dengan apa cara sekalipun tanpa kebenaran bertulis yang sewajarnya daripada penerbit dan pemilik hak cipta, kecuali petikan ringkas yang digunakan dalam semakan. Buku ini tidak boleh dianggap sebagai pengganti nasihat perubatan, undang-undang atau profesional lain.

ISI KANDUNGAN

ISI KANDUNGAN 3
PENGENALAN 6
BROWNIES DAN BARS 7
   1. Brownies Penyu CandiQuik 8
   2. Coklat Kelapa Almond Granola Bar 10
   3. Mentega Kacang CandiQuik dan Jeli Jeli 12
   4. CandiQuik Cranberry Orange Bliss Bars 15
   5. Brownies Bit CandiQuik 18
   6. Fudge Pemotong Kuki CandiQuik 21
   7. CandiQuik Rocky Road Bar 23
   8. Brownies Coklat Pudina CandiQuik 25
COOKIES DAN MACARON 27
   9. CandiQuik Snowmen Cookies 28
   10. Kuki Roti Pendek Kopi CandiQuik 30
   11. Kuki Bola Sepak CandiQuik 33
   12. Biskut Roti Pendek Ceri Coklat CandiQuik 36
   13. CandiQuik Yard Line Cookies 38
   14. Kuki Jam Tahun Baru 41
   15. Kuki Krim Peppermint Koko 43
   16. Kuki Lorax Hari Bumi CandiQuik 45
   17. Kuki Kejutan Valentine 48
   18. Kuih Jagung Tuai CandiQuik 50
   19. Biskut Bunga Jantung Mentega Kacang 52
   20. Biskut Strawberi Celup Coklat 54
   21. CandiQuik Frog Cookies 57
   22. CandiQuik Piña Colada Macaroon 59
   23. Hiasan Oreo CandiQuik 62
TRUFLES 64
   24. CandiQuik Kahlua Truffles 65
   25. CandiQuik Honey Thyme Truffles 67
   26. CandiQuik Black Bean Truffles 69
   27. CandiQuik Bourbon Truffles 71
   28. Truffle Bacon Coklat 73
   29. Cinco de Mayo Mexican Spice Truffles 76
   30. CandiQuik Pecan Pie Truffles 79
   31. Sudu Coklat Truffle Mentega Kacang 82
   32. Kek Gemuk Coklat Truffle 84
   33. Truffle Kek Champagne 86
GIGITAN KEK 89
   34. Gigitan Kek Creamsicle Oren CandiQuik 90
   35. Gigitan Cannoli CandiQuik 93

36. Bom Kek Ceri CandiQuik 95
37. Bebola Kek Margarita 98
38. Bebola Kek Bebola Mata CandiQuik 101
39. Gigitan Kek Rempah Labu CandiQuik 103
40. Gigitan Wafer BaNilla Coklat CandiQuik 106
41. Gigitan Wain CandiQuik dan Kek Coklat 108
42. Gigitan Kek Pelangi Emas Pot O' 111
43. Gigitan Kek Acorn CandiQuik 113
44. Gigitan Kek Labu CandiQuik 115
45. Gigitan Kek Hati 118
46. Gigitan Doh Kuih Chickpea 120
47. CandiQuik Melelehkan Bola Kek Salji 122
48. Telur CandiQuik Cadbury 124

BUAH-BUAHAN BERTUTUP 127

49. Blueberry Celup Vanila CandiQuik 128
50. Strawberi Bersalut Coklat CandiQuik 130
51. Strawberi Merah, Putih dan Biru 132
52. Gigitan Pisang Berbumbung 134
53. Hirisan Epal Bersalut CandiQuik 136
54. Cinco de Mayo Strawberi 138
55. Topi Santa Strawberi 140

KEK, DONAT DAN PAI 142

56. CandiQuik Lemon Blueberry Cheesecake 143
57. CandiQuik Pumpkin Cheesecake 146
58. Hiasan Kek Cawan Sirip Jerung CandiQuik 148
59. CandiQuik Lemon Almond Donuts 151
60. Pai Aiskrim CandiQuik 154
61. Kek Donat dengan Coklat dan Kelapa Bakar 157

POPS 159

62. Bijirin Pisang Pops 160
63. Kek Pokok Truffula CandiQuik Meletus 162
64. CandiQuik Turkey Rice Krispie Pops 165
65. CandiQuik S'more Pops 168
66. CandiQuik Grape Poppers 170
67. CandiQuik Magic Rainbow Krispie Pops 172
68. Lolipop Kuih Cip Coklat CandiQuik 175
69. CandiQuik Turkey Cookie Pops 177
70. Lollipop Kuki Peppermint CandiQuik 179
71. CandiQuik Mummy Cookie Pops 181
72. Lolipop Jantung 183
73. Kek Strawberi Shortcake Pops 185
74. Kek Limau Kunci CandiQuik Meletus 188

PRETZELS 190

75. CANDIQUIK CACTUS PRETZEL ... 191
76. PRETZEL HANTU CANDIQUIK ... 193
77. PRETZEL RAMA-RAMA CANDIQUIK ... 195
78. CANDIQUIK SHAMROCK PRETZEL ... 197
79. BATANG PRETZEL TAHUN BARU CANDIQUIK ... 199
80. CANDIQUIK BUNNY PRETZEL ... 201
81. GIGITAN PRETZEL KARAMEL CANDIQUIK ... 203

BARKS DAN KLUSTER ... 205
82. KULIT PUDINA CANDIQUIK ... 206
83. KULIT KOBOI CANDIQUIK ... 208
84. KULIT KUKI PUDINA ... 210
85. KLUSTER KACANG CRANBERI KAYU MANIS ... 212
86. KULIT ALMOND COKLAT ... 214
87. KULIT KLUSTER COKLAT BUAH DAN KACANG ... 216
88. KARAMEL MASIN DAN PECAN TURTLES ... 218

CAMPURAN KUDAPAN ... 220
89. CHURRO CHOW ... 221
90. CAMPURAN SNEK UMPAN CANDIQUIK BUNNY ... 223
91. CAMPURAN MAKANAN RINGAN CANDIQUIK HEART MUNCH ... 225
92. KELOMPOK CAMPURAN JEJAK CANDIQUIK ... 227
93. CANDIQUIK ORANGE CREAMSICLE PUPPY CHOW ... 229
94. CAMPURAN SNEK CANDIQUIK S'MORES ... 231
95. CAMPURAN PARTI COKLAT PUTIH CANDIQUIK ... 233

JAMUAN CUTI DAN SAMBUTAN ... 235
96. HIASAN KEK CAWAN HALLOWEEN CANDIQUIK ... 236
97. TOPI PENGIJAZAHAN CANDIQUIK ... 238
98. CAWAN TABURAN PATRIOTIK CANDIQUIK ... 240
99. SARANG MACAROON KELAPA PASKAH ... 242
100. CANDIQUIK CHRISTMAS TREE RICE KRISPIE TREATS ... 244

PENUTUP ... 246

PENGENALAN

Selamat datang ke "BUKU MASAK CANDIQUIK YANG PENTING," panduan anda untuk meneroka kemungkinan salutan gula-gula yang tidak berkesudahan dengan 100 konfeksi yang tidak dapat ditolak. Sama ada anda seorang tukang kuih-muih berpengalaman atau tukang roti pemula, buku masakan ini ialah pasport anda ke dunia kelazatan manis dan kreativiti masakan. Daripada sajian klasik kepada ciptaan inovatif, CandiQuik membuka pintu kepada alam kemungkinan yang lazat.

Dalam buku masakan ini, anda akan menemui pelbagai jenis resipi yang mempamerkan kepelbagaian dan keajaiban CandiQuik. Dibangunkan oleh pakar masakan, resipi ini direka untuk memberi inspirasi dan menggembirakan, sama ada anda mengidam sesuatu yang kaya dan memanjakan atau ringan dan menyegarkan. Daripada truffle coklat dekaden hingga kek pop aneh, terdapat konfeksi yang sesuai dengan setiap citarasa dan majlis.

Apa yang membezakan CandiQuik ialah kemudahan penggunaan dan serba boleh. Diperbuat daripada bahan-bahan berkualiti tinggi dan tersedia dalam pelbagai perisa, CandiQuik menyediakan kanvas yang sempurna untuk ciptaan masakan anda. Sama ada anda mencelup, merenjiskan atau membentuk, CandiQuik cair dengan lancar dan set dengan cepat, memastikan hasil berkualiti profesional setiap masa. Dengan CandiQuik, anda akan mempunyai keyakinan untuk mengeluarkan manisan dalaman anda dan menghidupkan impian termanis anda.

Sepanjang buku masakan ini, anda akan menemui arahan yang jelas dan padat, petua berguna dan fotografi yang menakjubkan untuk membimbing anda dalam pengembaraan kuih-muih anda. Sama ada anda membuat hidangan untuk majlis istimewa, menghadiahkannya kepada orang tersayang atau sekadar memanjakan selera anda, resipi ini pasti menarik perhatian anda. Jadi, ambil apron anda, tajamkan spatula anda, dan mari menyelami dunia manisan CandiQuik yang lazat.

BROWNIES DAN BARS

1.Brownies Penyu CandiQuik

BAHAN-BAHAN:
- 1 paket salutan coklat CandiQuik
- 1 cawan pecan cincang
- 1 cawan sos karamel
- 1 kotak adunan brownies (dan bahan-bahan yang diperlukan)

ARAHAN:
a) Sediakan adunan brownies mengikut arahan pakej.
b) Masukkan pecan yang dicincang ke dalam adunan brownies.
c) Tuang separuh adunan brownies ke dalam loyang yang telah digris.
d) Lumurkan separuh sos karamel ke atas adunan.
e) Masukkan baki adunan brownies di atas, diikuti dengan baki sos karamel.
f) Bakar mengikut arahan adunan brownies.
g) Setelah dibakar, cairkan salutan coklat CandiQuik dan sapukan di atas brownies yang telah disejukkan.
h) Biarkan coklat mengeras sebelum dipotong menjadi bar.

2.Coklat Kelapa Almond Granola Bar

BAHAN-BAHAN:
- 2 cawan oat gulung kuno
- 1 cawan kelapa parut (dimaniskan atau tanpa gula)
- 1 cawan badam cincang
- ½ cawan madu atau sirap maple
- ½ cawan mentega badam berkrim
- ¼ cawan minyak kelapa
- 1 sudu teh ekstrak vanila
- ½ sudu teh garam
- 1 cawan CandiQuik (salutan gula-gula berperisa vanila)

ARAHAN:
a) Panaskan ketuhar anda hingga 350°F (175°C). Alaskan loyang 9x13 inci dengan kertas parchment, biarkan sedikit tergantung untuk mudah dikeluarkan.
b) Dalam mangkuk adunan besar, satukan oat gulung, kelapa parut dan badam cincang.
c) Dalam periuk kecil di atas api perlahan, satukan madu atau sirap maple, mentega badam, minyak kelapa, ekstrak vanila dan garam. Kacau berterusan sehingga adunan sebati dan licin.
d) Tuang adunan basah ke atas bahan kering dalam mangkuk adunan. Kacau sehingga semua bahan kering bersalut rata.
e) Pindahkan adunan ke dalam loyang yang disediakan dan tekan ke bawah dengan kuat untuk membuat lapisan yang sekata.
f) Bakar dalam ketuhar yang telah dipanaskan selama 15-20 minit atau sehingga bahagian tepi berwarna perang keemasan.
g) Benarkan bar granola sejuk sepenuhnya di dalam kuali.
h) Setelah sejuk, cairkan CandiQuik mengikut arahan pakej.
i) Siramkan CandiQuik yang telah cair di atas bar granola yang telah disejukkan.
j) Benarkan CandiQuik ditetapkan sebelum memotong palang menjadi segi empat sama.
k) Jika mahu, simpan bar di dalam peti sejuk untuk tekstur yang lebih pejal.
l) Hidangkan dan nikmati Bar Granola Almond Almond Coklat anda!

3.Mentega Kacang CandiQuik dan Bar Jeli

BAHAN-BAHAN:
- 1 cawan mentega tanpa garam, dilembutkan
- 1 cawan gula pasir
- 1 cawan gula perang, dibungkus
- 2 biji telur besar
- 1 cawan mentega kacang berkrim
- 1 sudu teh ekstrak vanila
- 3 cawan tepung serba guna
- 1 sudu kecil serbuk penaik
- ½ sudu teh garam
- 1 cawan pengawet buah atau jeli pilihan anda (cth, strawberi, raspberi, anggur)
- 1 bungkusan CandiQuik (salut gula-gula berperisa vanila)

ARAHAN:
a) Panaskan ketuhar anda hingga 350°F (175°C). Griskan loyang bersaiz 9x13 inci dan alaskannya dengan kertas parchment, biarkan terlompat untuk mudah dikeluarkan.
b) Dalam mangkuk besar, pukul bersama mentega lembut, gula pasir, dan gula perang sehingga ringan dan gebu.
c) Masukkan telur, satu demi satu, pukul sebati selepas setiap penambahan.
d) Campurkan mentega kacang dan ekstrak vanila sehingga sebati.
e) Dalam mangkuk yang berasingan, pukul bersama tepung, serbuk penaik, dan garam.
f) Masukkan bahan kering secara beransur-ansur ke dalam adunan mentega kacang, gaul sehingga sebati.
g) Tekan dua pertiga daripada adunan mentega kacang ke bahagian bawah loyang yang disediakan untuk membentuk lapisan yang sekata.
h) Sapukan awet buah atau jeli secara rata ke atas lapisan mentega kacang.
i) Hancurkan adunan mentega kacang yang tinggal di atas bahagian atas awet buah.
j) Bakar dalam ketuhar yang telah dipanaskan selama 30-35 minit atau sehingga bahagian tepi berwarna perang keemasan.

k) Benarkan bar sejuk sepenuhnya dalam kuali.
l) Setelah bar disejukkan, cairkan CandiQuik mengikut arahan pakej.
m) Siramkan CandiQuik yang telah cair di atas bar yang telah disejukkan.
n) Benarkan CandiQuik ditetapkan sebelum memotong palang menjadi segi empat sama.
o) Hidangkan dan nikmati Mentega Kacang dan Bar Jeli yang lazat!

4. CandiQuik Cranberry Orange Bliss Bars

BAHAN-BAHAN:
UNTUK BAR:
- 1 cawan mentega tanpa garam, dilembutkan
- 1 cawan gula pasir
- 2 biji telur besar
- 1 sudu teh ekstrak vanila
- 2 cawan tepung serba guna
- ½ sudu teh serbuk penaik
- ¼ sudu teh garam
- 1 cawan cranberry kering
- Serbuk sebiji oren

UNTUK TOPPING:
- 1 bungkusan (16 auns) Candy Coating CandiQuik
- Serbuk sebiji oren
- Cranberry kering untuk hiasan (pilihan)

ARAHAN:
a) Panaskan ketuhar anda hingga 350°F (175°C). Griskan loyang 9x13 inci.
b) Dalam mangkuk besar, pukul bersama mentega lembut dan gula sehingga ringan dan gebu. Masukkan telur satu persatu, pukul sebati selepas setiap penambahan. Masukkan ekstrak vanila.
c) Dalam mangkuk yang berasingan, pukul bersama tepung, serbuk penaik, dan garam.
d) Masukkan bahan kering sedikit demi sedikit ke dalam bahan basah, gaul sehingga sebati.
e) Masukkan cranberry kering dan kulit oren sehingga sekata ke seluruh adunan.
f) Ratakan adunan ke dalam loyang yang telah disediakan.
g) Bakar dalam ketuhar yang telah dipanaskan selama 25-30 minit atau sehingga bahagian tepi berwarna perang keemasan dan pencungkil gigi yang dimasukkan ke dalam bahagian tengah keluar bersih.
h) Benarkan bar sejuk sepenuhnya dalam hidangan pembakar.
i) Setelah bar disejukkan, cairkan Candy Coating CandiQuik mengikut arahan pakej.

j) Tuangkan CandiQuik yang telah cair ke atas bar yang telah disejukkan, ratakan dengan spatula.
k) Taburkan kulit oren tambahan dan cranberry kering di atas untuk hiasan, jika mahu.
l) Benarkan salutan CandiQuik ditetapkan sepenuhnya sebelum memotong palang menjadi segi empat sama.
m) Hidangkan dan nikmati CandiQuik Cranberry Orange Bliss Bar yang lazat!

5.Brownies Bit CandiQuik

BAHAN-BAHAN:
- 1 cawan bit masak dan puri (kira-kira 3 bit bersaiz sederhana)
- ½ cawan mentega tanpa garam, cair
- 1 cawan gula pasir
- 2 biji telur besar
- 1 sudu teh ekstrak vanila
- ½ cawan tepung serba guna
- ⅓ cawan serbuk koko
- ¼ sudu teh serbuk penaik
- ¼ sudu teh garam
- 1 bungkusan CandiQuik (salut gula-gula berperisa vanila)

ARAHAN:
a) Panaskan ketuhar anda hingga 350°F (175°C). Gris dan alaskan loyang dengan kertas parchment.
b) Masak bit sehingga ia lembut. Kupas dan puri mereka dalam pengisar atau pemproses makanan. Sukat 1 cawan puri bit.
c) Dalam mangkuk adunan besar, satukan mentega cair dan gula. Gaul hingga sebati.
d) Masukkan telur satu persatu, pukul sebati selepas setiap penambahan. Masukkan ekstrak vanila.
e) Dalam mangkuk yang berasingan, pukul bersama tepung, serbuk koko, serbuk penaik, dan garam.
f) Masukkan bahan kering sedikit demi sedikit ke dalam bahan basah, gaul sehingga sebati.
g) Masukkan puri bit sehingga sekata ke seluruh adunan brownies.
h) Tuangkan adunan ke dalam loyang yang telah disediakan, ratakan.
i) Bakar dalam ketuhar yang telah dipanaskan selama 25-30 minit atau sehingga pencungkil gigi yang dimasukkan ke tengah keluar dengan serbuk lembap (bukan adunan basah).
j) Biarkan brownies sejuk sepenuhnya di dalam kuali.

UNTUK COATING CANDIQUIK:
k) Cairkan CandiQuik mengikut arahan pakej. Biasanya, ini melibatkan gelombang mikro dalam selang 30 saat sehingga cair sepenuhnya.
l) Setelah brownies benar-benar sejuk, potong menjadi empat segi.

m) Celupkan bahagian atas setiap petak brownie ke dalam CandiQuik yang telah dicairkan, memastikan salutan yang sekata.
n) Letakkan brownies bersalut di atas dulang beralas kertas untuk membolehkan CandiQuik mengeras.
o) Biarkan salutan CandiQuik mengeras sepenuhnya sebelum dihidangkan.

6.Fudge Pemotong Kuki CandiQuik

BAHAN-BAHAN:
- 1 bungkusan CandiQuik (salut gula-gula berperisa vanila)
- 1 tin (14 auns) susu pekat manis
- 2 sudu teh ekstrak vanila
- Secubit garam
- Pelbagai pemotong biskut bertemakan percutian
- Topping pilihan: Taburan, kacang hancur, gula berwarna

ARAHAN:
a) Lapiskan pinggan mangkuk segi empat sama atau segi empat tepat dengan kertas pacmen, tinggalkan tak terjual di bahagian tepi untuk mudah dikeluarkan.
b) Dalam periuk bersaiz sederhana, cairkan CandiQuik dengan api perlahan, kacau berterusan untuk mengelakkan daripada hangus.
c) Setelah CandiQuik cair sepenuhnya, masukkan susu pekat manis, ekstrak vanila, dan secubit garam. Kacau adunan hingga sebati dan sebati.
d) Keluarkan periuk dari api dan biarkan adunan sejuk sedikit, tetapi pastikan ia kekal boleh dituangkan.
e) Tuangkan adunan fudge ke dalam loyang yang disediakan dan ratakan.
f) Biarkan fudge sejuk selama beberapa minit, kemudian gunakan pemotong kuki bertemakan percutian untuk memotong bentuk perayaan. Tekan pemotong biskut ke dalam fudge dan angkat bentuk keluar dengan spatula.
g) Jika dikehendaki, tambahkan topping seperti taburan, kacang hancur atau gula berwarna pada bentuk fudge semasa ia masih lembut.
h) Biarkan fudge sejuk sepenuhnya dan letakkan di dalam peti sejuk selama beberapa jam.
i) Setelah fudge ditetapkan sepenuhnya, gunakan kertas parchment yang tergantung untuk mengangkatnya keluar dari loyang.
j) Letakkan bentuk fudge di atas pinggan hidangan dan nikmati CandiQuik Cookie Cutter Fudge yang comel!

7.Bar Jalan Berbatu CandiQuik

BAHAN-BAHAN:
- 1 paket salutan vanila CandiQuik
- 2 cawan marshmallow mini
- 1 cawan kacang cincang (walnut atau badam)
- 1 cawan keropok graham hancur
- 1 kotak adunan brownies (dan bahan-bahan yang diperlukan mengikut pakej)

ARAHAN:
a) Sediakan adunan brownies mengikut arahan pakej.
b) Masukkan marshmallow mini, kacang cincang dan keropok graham yang dihancurkan ke dalam adunan brownies.
c) Tuangkan adunan ke dalam loyang yang telah digris.
d) Bakar mengikut arahan adunan brownies.
e) Setelah dibakar, cairkan salutan vanila CandiQuik dan sapukan di atas bar yang telah disejukkan.
f) Biarkan salutan vanila ditetapkan sebelum dipotong menjadi bar.

8. Brownies Coklat Pudina CandiQuik

BAHAN-BAHAN:
- 1 paket salutan coklat CandiQuik
- 1 sudu teh ekstrak pudina
- Pewarna makanan hijau (pilihan)
- 1 kotak adunan brownies (dan bahan-bahan yang diperlukan mengikut pakej)

ARAHAN:
a) Sediakan adunan brownies mengikut arahan pakej.
b) Masukkan ekstrak pudina dan masukkan pewarna makanan hijau jika mahu.
c) Tuangkan adunan ke dalam loyang yang telah digris.
d) Bakar mengikut arahan adunan brownies.
e) Setelah dibakar, cairkan salutan coklat CandiQuik dan sapukan di atas brownies yang telah disejukkan.
f) Biarkan coklat mengeras sebelum dipotong menjadi bar.

COOKIES DAN MACARON

9. CandiQuik Snowmen Cookies

BAHAN-BAHAN:
- Biskut gula bulat
- 1 bungkusan (16 auns) Candy Coating CandiQuik
- Cip coklat kecil atau mata gula-gula
- Gula-gula oren cair (atau aising oren) untuk hidung lobak merah
- Ais hiasan untuk selendang dan butang

ARAHAN:
a) Celupkan bahagian atas setiap biskut gula dalam CandiQuik cair untuk mencipta salutan bersalji.
b) Letakkan dua cip coklat kecil atau mata gula-gula pada salutan cair untuk mata.
c) Gunakan sekeping kecil gula-gula oren cair atau aising untuk membuat hidung lobak merah.
d) Hiaskan dengan aising untuk membuat selendang dan butang.
e) Biarkan salutan ditetapkan sebelum dihidangkan.

10. Kuki Roti Pendek Kopi CandiQuik

BAHAN-BAHAN:
UNTUK COOKIES:
- 1 cawan mentega tanpa garam, dilembutkan
- ½ cawan gula pasir
- 2 cawan tepung serba guna
- 2 sudu besar butiran kopi segera atau serbuk espresso
- ¼ sudu teh garam

UNTUK CANDIQUIK COFFEE GLAZE:
- 1 bungkusan CandiQuik (salut gula-gula berperisa vanila)
- 2 sudu besar butiran kopi segera atau serbuk espresso
- 1-2 sudu besar air panas
- Pilihan: Kopi atau serbuk koko yang dikisar halus untuk hiasan

ARAHAN:
UNTUK COOKIES BACAAN PENDEK KOPI:
a) Panaskan ketuhar anda hingga 350°F (175°C). Alas lembaran pembakar dengan kertas parchment.
b) Dalam mangkuk adunan besar, pukul bersama mentega lembut dan gula pasir sehingga ringan dan gebu.
c) Dalam mangkuk yang berasingan, pukul bersama tepung, butiran kopi segera atau serbuk espreso, dan garam.
d) Masukkan bahan kering secara beransur-ansur ke dalam adunan mentega dan gula, gaul sehingga adunan sebati.
e) Gulungkan doh ke dalam bentuk log atau leperkan ke dalam cakera, balut dengan bungkus plastik, dan sejukkan selama sekurang-kurangnya 30 minit untuk membenarkannya padat.
f) Setelah sejuk, potong doh menjadi bulat atau potong bentuk menggunakan pemotong biskut.
g) Letakkan biskut di atas loyang yang disediakan dan bakar selama 10-12 minit atau sehingga bahagian tepi berwarna keemasan.
h) Benarkan kuki sejuk sepenuhnya di atas rak dawai.

UNTUK CANDIQUIK COFFEE GLAZE:
i) Cairkan CandiQuik mengikut arahan pakej. Biasanya, ini melibatkan gelombang mikro dalam selang 30 saat sehingga cair sepenuhnya.

j) Larutkan butiran kopi segera atau serbuk espreso dalam air panas. Masukkan bancuhan kopi ini ke dalam CandiQuik yang telah dicairkan dan kacau sehingga sebati.
k) Celupkan kuki yang telah disejukkan ke dalam sayu kopi CandiQuik, biarkan lebihan menitis.
l) Letakkan kuki berlapis pada dulang beralas kertas.
m) Pilihan: Semasa sayu masih basah, taburkan kopi atau serbuk koko yang dikisar halus di atas untuk hiasan.
n) Biarkan sayu mengeras sepenuhnya sebelum dihidangkan atau disimpan.

11. Kuki Bola Sepak CandiQuik

BAHAN-BAHAN:
UNTUK COOKIES:
- 2 ½ cawan tepung serba guna
- 1 cawan mentega tanpa garam, dilembutkan
- 1 cawan gula pasir
- 1 biji telur besar
- 1 sudu teh ekstrak vanila
- ½ sudu teh ekstrak badam (pilihan)
- ¼ sudu teh garam

UNTUK HIASAN BOLA SEPAK CANDIQUIK:
- 1 bungkusan CandiQuik (salut gula-gula berperisa vanila)
- Cip coklat gelap atau aising coklat (untuk tali bola sepak)

ARAHAN:
UNTUK COOKIES:
a) Dalam mangkuk sederhana, pukul bersama tepung dan garam. Mengetepikan.
b) Dalam mangkuk adunan besar, pukul bersama mentega dan gula yang telah dilembutkan sehingga ringan dan gebu.
c) Masukkan telur, ekstrak vanila, dan ekstrak badam (jika menggunakan) ke dalam campuran mentega dan gula. Gaul hingga sebati.
d) Masukkan sedikit demi sedikit bahan kering ke dalam bahan basah, gaul sehingga menjadi doh yang lembut.
e) Bahagikan doh kepada dua bahagian, bentukkan setiap satu ke dalam cakera, bungkus dalam bungkus plastik, dan sejukkan sekurang-kurangnya 1 jam.
f) Panaskan ketuhar anda hingga 350°F (175°C) dan alaskan lembaran pembakar dengan kertas parchment.
g) Canaikan doh yang telah disejukkan di atas permukaan yang ditaburkan tepung dengan ketebalan kira-kira ¼ inci.
h) Gunakan pemotong biskut berbentuk bola sepak untuk memotong bentuk bola sepak dari doh.
i) Letakkan biskut berbentuk bola sepak di atas loyang yang telah disediakan dan bakar selama 10-12 minit atau sehingga bahagian tepi berwarna keemasan sedikit.

j) Benarkan kuki sejuk di atas loyang selama beberapa minit sebelum memindahkannya ke rak dawai untuk menyejukkan sepenuhnya.

UNTUK HIASAN BOLA SEPAK CANDIQUIK:

k) Cairkan CandiQuik mengikut arahan pakej. Biasanya, ini melibatkan gelombang mikro dalam selang 30 saat sehingga cair sepenuhnya.
l) Celupkan setiap kuki berbentuk bola sepak ke dalam CandiQuik yang dicairkan, memastikan salutan yang sekata.
m) Letakkan biskut bersalut di atas dulang beralas kertas.
n) Sebelum set salutan CandiQuik, gunakan cip coklat gelap atau aising coklat untuk mencipta tali bola sepak pada permukaan setiap kuki.
o) Biarkan salutan CandiQuik mengeras sepenuhnya sebelum dihidangkan.

12. Biskut Roti Pendek Ceri Coklat CandiQuik

BAHAN-BAHAN:
- Kuki roti pendek
- 1 bungkusan (16 auns) Candy Coating CandiQuik
- Ceri kering atau awet ceri

ARAHAN:
a) Cairkan Candy Coating CandiQuik mengikut arahan pakej.
b) Celupkan setiap biskut shortbread ke dalam CandiQuik cair untuk menyalutnya.
c) Letakkan ceri kering di atasnya atau taburkan sedikit pengawet ceri.
d) Biarkan salutan mengeras sebelum dihidangkan.

13. Kuki Barisan Halaman CandiQuik

BAHAN-BAHAN:
UNTUK COOKIES:
- Resipi biskut gula kegemaran anda atau adunan biskut gula yang dibeli di kedai

UNTUK HIASAN CANDIQUIK:
- 1 bungkusan CandiQuik (salut gula-gula berperisa vanila)
- Pewarna makanan hijau
- Ais putih atau gula-gula putih cair (untuk garis halaman)

ARAHAN:

UNTUK COOKIES:

a) Panaskan ketuhar anda mengikut resipi biskut gula anda atau arahan pada adunan biskut yang dibeli di kedai.
b) Sediakan adunan biskut gula mengikut resipi atau arahan pakej.
c) Canaikan doh biskut di atas permukaan yang ditaburkan tepung setebal kira-kira ¼ inci.
d) Gunakan pemotong biskut bulat untuk memotong bulatan dari doh. Ini akan menjadi kuki "yard line" anda.
e) Letakkan kuki pada lembaran pembakar yang dialas kertas dan bakar mengikut resipi atau arahan pakej. Benarkan biskut sejuk sepenuhnya.

UNTUK HIASAN CANDIQUIK:

f) Pecahkan CandiQuik kepada kepingan dan letakkan dalam mangkuk kalis haba. Cairkan CandiQuik mengikut arahan pakej. Biasanya, ini melibatkan gelombang mikro dalam selang 30 saat sehingga cair sepenuhnya.
g) Tambahkan pewarna makanan hijau pada CandiQuik yang telah dicairkan dan kacau sehingga anda mencapai warna hijau yang terang. Ini akan menjadi latar belakang "padang bola sepak".
h) Celupkan setiap kuki yang disejukkan ke dalam CandiQuik hijau, memastikan salutan sekata. Letakkan biskut bersalut di atas dulang beralas kertas.
i) Semasa salutan CandiQuik masih basah, gunakan aising putih atau gula-gula putih cair untuk membuat garisan halaman pada setiap kuki. Anda boleh menggunakan beg paip atau beg zip atas kecil dengan sudut dipotong untuk ini.
j) Benarkan salutan CandiQuik dan aising ditetapkan sepenuhnya sebelum dihidangkan.

14. Kuki Jam Tahun Baru

BAHAN-BAHAN:
- CandiQuik (salut coklat putih)
- Biskut sandwic coklat
- Semburan emas atau perak yang boleh dimakan
- Hiasan jam yang boleh dimakan

ARAHAN:
a) Cairkan coklat putih CandiQuik mengikut arahan pakej.
b) Asingkan biskut sandwic coklat dan celup sebelah ke dalam CandiQuik yang telah cair.
c) Letakkan hiasan jam yang boleh dimakan pada bahagian bersalut kuki.
d) Sembur tepi dengan semburan emas atau perak yang boleh dimakan untuk sentuhan perayaan.
e) Biarkan CandiQuik ditetapkan sebelum dihidangkan.

15. Kuki Krim Cocoa Peppermint

BAHAN-BAHAN:
- CandiQuik (salut coklat gelap)
- Ekstrak pudina
- Biskut sandwic coklat

ARAHAN:
a) Cairkan coklat gelap CandiQuik mengikut arahan pakej.
b) Tambah beberapa titis ekstrak pudina ke dalam CandiQuik cair dan kacau rata.
c) Celupkan setiap biskut sandwic coklat ke dalam CandiQuik berperisa pudina, pastikan ia bersalut sepenuhnya.
d) Letakkan kuki bersalut pada kertas parchment dan biarkan ia set.

16.Kuki Lorax Hari Bumi CandiQuik

BAHAN-BAHAN:
UNTUK COOKIES:
- Resipi biskut gula kegemaran anda atau adunan biskut gula yang dibeli di kedai

UNTUK MENGHIAS:
- 1 bungkusan CandiQuik (salut gula-gula berperisa vanila)
- Pewarna makanan oren
- Penanda hitam yang boleh dimakan atau aising hitam
- Penanda hijau yang boleh dimakan atau aising hijau
- Gula atau taburan pelbagai warna (pilihan)

ARAHAN:
UNTUK COOKIES:
a) Panaskan ketuhar anda mengikut resipi biskut gula anda atau arahan pada adunan biskut yang dibeli di kedai.
b) Sediakan adunan biskut gula mengikut resipi atau arahan pakej.
c) Canaikan doh biskut di atas permukaan yang ditaburkan tepung setebal kira-kira ¼ inci.
d) Gunakan pemotong biskut bulat untuk memotong bulatan dari doh.
e) Letakkan kuki pada lembaran pembakar yang dialas kertas dan bakar mengikut resipi atau arahan pakej. Benarkan biskut sejuk sepenuhnya.

UNTUK MENGHIAS:
f) Pecahkan CandiQuik kepada kepingan dan letakkan dalam mangkuk kalis haba. Cairkan CandiQuik mengikut arahan pakej. Biasanya, ini melibatkan gelombang mikro dalam selang 30 saat sehingga cair sepenuhnya.
g) Tambah pewarna makanan oren pada CandiQuik yang telah dicairkan dan kacau sehingga anda mencapai warna oren yang terang.
h) Celupkan setiap kuki yang telah disejukkan ke dalam CandiQuik oren, memastikan salutan sekata. Letakkan biskut bersalut di atas dulang beralas kertas.
i) Benarkan salutan CandiQuik ditetapkan sepenuhnya.

j) Setelah salutan ditetapkan, gunakan penanda hitam yang boleh dimakan atau aising hitam untuk menarik mata, misai dan mulut Lorax pada setiap kuki.
k) Gunakan penanda hijau yang boleh dimakan atau aising hijau untuk melukis seberkas rambut Lorax di atas kuki.
l) Secara pilihan, anda boleh menambah pelbagai gula berwarna atau taburan untuk hiasan tambahan.
m) Benarkan sebarang hiasan tambahan ditetapkan sebelum dihidangkan.

17. Kuki Kejutan Valentine

BAHAN-BAHAN:
- Doh biskut gula
- Pewarna makanan merah atau merah jambu
- Gula-gula hati atau gula-gula bertemakan Valentine yang lain

ARAHAN:
a) Panaskan ketuhar pada suhu yang dinyatakan pada bungkusan doh biskut.
b) Bahagikan doh biskut kepada separuh dan warnakan satu bahagian dengan pewarna makanan merah atau merah jambu.
c) Ambil sedikit setiap doh berwarna dan tekan bersama di sekeliling sekeping gula-gula.
d) Canai doh menjadi bebola, pastikan gula-gula tertutup sepenuhnya.
e) Letakkan biskut di atas loyang dan bakar mengikut arahan pakej.

18. Kuih Jagung Tuai CandiQuik

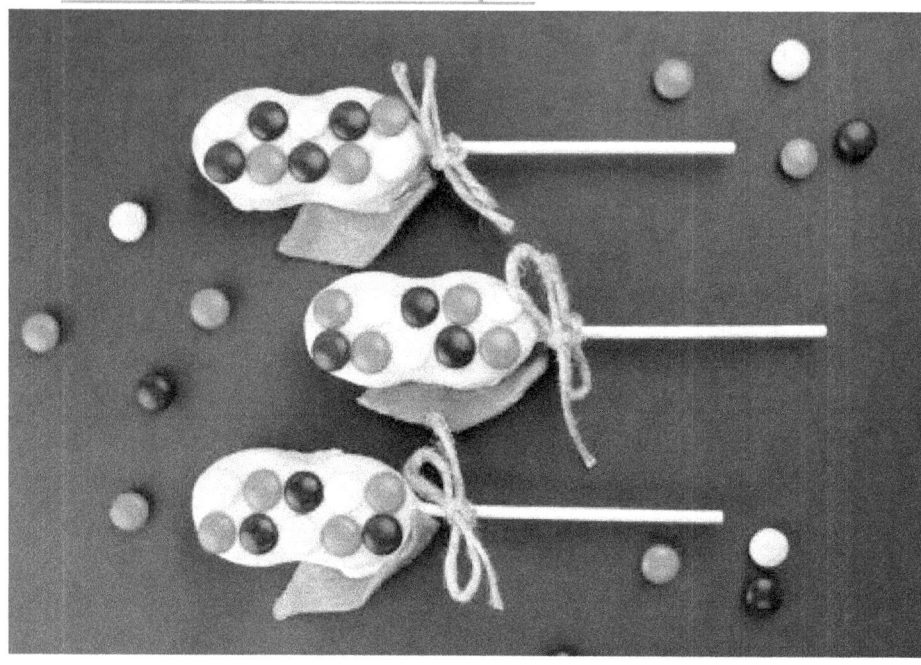

BAHAN-BAHAN:
- Biskut gula (bulat atau berbentuk bujur)
- 1 bungkusan (16 auns) Candy Coating CandiQuik
- Pewarna makanan kuning dan oren
- Cip coklat miniatur

ARAHAN:
a) Cairkan Candy Coating CandiQuik mengikut arahan pakej.
b) Bahagikan salutan kepada dua bahagian dan warnakan satu dengan pewarna makanan kuning dan satu lagi dengan oren.
c) Celupkan setiap kuki ke dalam salutan kuning, biarkan sebahagian kecil tidak dicelup untuk sekam jagung.
d) Benarkan salutan kuning ditetapkan.
e) Celupkan bahagian yang tidak dicelup ke dalam salutan oren untuk menghasilkan sekam jagung.
f) Letakkan cip coklat kecil pada bahagian kuning untuk biji jagung.
g) Biarkan salutan ditetapkan sebelum dihidangkan.

19. Biskut Bunga Jantung Mentega Kacang

BAHAN-BAHAN:
- 1 cawan mentega kacang
- 1 cawan gula
- 1 biji telur
- 1 sudu teh ekstrak vanila
- Coklat Hershey's Kisses, dibuka

ARAHAN:
a) Panaskan ketuhar hingga 350°F (175°C) dan alaskan loyang dengan kertas parchment.
b) Dalam mangkuk, krim bersama mentega kacang, gula, telur, dan ekstrak vanila.
c) Canai doh menjadi bebola kecil dan letakkan di atas loyang.
d) Bakar selama 10-12 minit atau sehingga bahagian tepi berwarna perang keemasan.
e) Keluarkan dari ketuhar dan segera tekan Hershey's Kiss ke tengah setiap kuki.
f) Benarkan kuki sejuk di atas loyang sebelum memindahkannya ke rak dawai.

20. Biskut Strawberi Celup Coklat

BAHAN-BAHAN:
UNTUK COOKIES:
- 1 cawan mentega tanpa garam, dilembutkan
- 1 cawan gula pasir
- 2 biji telur besar
- 1 sudu teh ekstrak vanila
- 3 cawan tepung serba guna
- ½ sudu teh serbuk penaik
- ¼ sudu teh garam
- ½ cawan jem strawberi atau pengawet

UNTUK SAPUTAN COKLAT:
- 1 bungkusan CandiQuik (salut gula-gula berperisa vanila)
- Strawberi segar, dibasuh dan dikeringkan

ARAHAN:
UNTUK COOKIES:
a) Panaskan ketuhar anda hingga 350°F (175°C). Alas lembaran pembakar dengan kertas parchment.
b) Dalam mangkuk besar, pukul bersama mentega lembut dan gula sehingga ringan dan gebu.
c) Masukkan telur satu persatu, pukul sebati selepas setiap penambahan. Masukkan ekstrak vanila.
d) Dalam mangkuk yang berasingan, pukul bersama tepung, serbuk penaik, dan garam.
e) Masukkan bahan kering sedikit demi sedikit ke dalam bahan basah, gaul sehingga sebati.
f) Titiskan sudu bulat adunan biskut ke atas loyang yang disediakan, tinggalkan sedikit ruang antara setiap satu.
g) Gunakan ibu jari anda atau belakang sudu kecil untuk membuat lekukan di tengah setiap kuki.
h) Isikan setiap lekukan dengan sedikit jem strawberi atau pengawet.
i) Bakar dalam ketuhar yang telah dipanaskan selama 10-12 minit atau sehingga tepi biskut menjadi sedikit keemasan.
j) Benarkan kuki sejuk di atas loyang selama beberapa minit sebelum memindahkannya ke rak dawai untuk menyejukkan sepenuhnya.

UNTUK SAPUTAN COKLAT:

k) Cairkan CandiQuik mengikut arahan pakej. Biasanya, ini melibatkan gelombang mikro dalam selang 30 saat sehingga cair sepenuhnya.
l) Celupkan bahagian atas setiap kuki berisi strawberi yang telah disejukkan ke dalam CandiQuik cair, salutkan jem strawberi.
m) Letakkan biskut yang dicelup pada dulang beralas kertas untuk membenarkan coklat mengeras.
n) Jika mahu, taburkan CandiQuik yang telah dicairkan tambahan di atas kuki yang dicelup untuk sentuhan hiasan.
o) Biarkan salutan coklat mengeras sepenuhnya sebelum dihidangkan.
p) Hiaskan setiap biskut strawberi yang dicelup coklat dengan strawberi segar di atasnya untuk menambah selera.

21. Kuih Katak CandiQuik

BAHAN-BAHAN:
- Biskut wafer vanila
- Gula-gula hijau cair atau coklat putih berwarna hijau
- Gula-gula putih cair atau coklat putih berwarna putih
- Mata gula-gula
- Gula-gula merah (untuk mulut)
- Pilihan: Hiasan gula-gula tambahan untuk hiasan
- Kertas perkamen

ARAHAN:
a) Alas dulang atau loyang dengan kertas parchment.
b) Pecahkan gula-gula hijau cair dan gula-gula putih cair ke dalam mangkuk yang berasingan. Cairkan setiap warna mengikut arahan pakej. Biasanya, ini melibatkan gelombang mikro dalam selang 30 saat sehingga cair sepenuhnya.
c) Celupkan setiap biskut wafer vanila ke dalam gula-gula hijau cair yang cair, pastikan ia bersalut sepenuhnya. Gunakan garpu atau alat pencelup untuk membantu menyalut.
d) Biarkan apa-apa salutan gula-gula hijau yang berlebihan menitis, kemudian letakkan kuki bersalut pada kertas kulit.
e) Semasa salutan gula-gula hijau masih basah, pasangkan mata gula-gula pada bahagian atas setiap kuki bersalut. Anda juga boleh menggunakan sedikit salutan gula-gula hijau cair sebagai "gam" untuk mata.
f) Letakkan gula-gula merah di bawah mata untuk mencipta mulut katak.
g) Gunakan pencungkil gigi atau perkakas kecil untuk menyiram salutan gula-gula putih cair ke atas salutan hijau untuk mencipta corak atau tanda katak.
h) Pilihan: Hiaskan katak dengan hiasan gula-gula tambahan untuk hiasan, seperti taburan berwarna-warni atau gula-gula kecil.
i) Biarkan salutan gula-gula mengeras sepenuhnya.
j) Setelah ditetapkan, Frog Cookies anda sedia untuk dinikmati!

22. CandiQuik Piña Colada Macaroons

BAHAN-BAHAN:
UNTUK MACARON:
- 3 cawan kelapa parut (dimaniskan)
- ½ cawan CandiQuik (salutan gula-gula berperisa vanila), cair
- ⅓ cawan susu pekat manis
- ¼ cawan jus nanas
- 1 sudu teh ekstrak vanila
- ½ cawan nanas yang dicincang halus (tin atau segar)
- Secubit garam

UNTUK COATING CANDIQUIK:
- 1 bungkusan CandiQuik (salut gula-gula berperisa vanila)
- 1 sudu besar minyak kelapa

ARAHAN:

UNTUK MACARON:

a) Panaskan ketuhar anda kepada 325°F (163°C). Lapik loyang dengan kertas parchment.

b) Dalam mangkuk besar, satukan kelapa parut, CandiQuik cair, susu pekat manis, jus nanas, ekstrak vanila, nanas yang dicincang halus dan secubit garam. Gaul hingga sebati.

c) Menggunakan sudu biskut atau tangan anda, bentukkan gundukan kecil adunan dan letakkan di atas loyang yang disediakan.

d) Bakar dalam ketuhar yang telah dipanaskan selama 15-18 minit atau sehingga bahagian tepi macaroon berwarna perang keemasan.

e) Biarkan macaroon sejuk sepenuhnya di atas loyang.

UNTUK COATING CANDIQUIK:

f) Cairkan CandiQuik mengikut arahan pakej. Biasanya, ini melibatkan gelombang mikro dalam selang 30 saat sehingga cair sepenuhnya.

g) Masukkan minyak kelapa hingga sebati.

PERHIMPUNAN:

h) Celupkan bahagian bawah setiap makaroni yang telah disejukkan ke dalam salutan CandiQuik, biarkan apa-apa lebihan menitis.

i) Letakkan makaroni bersalut di atas dulang yang dialas kertas.

j) Secara pilihan, taburkan salutan CandiQuik tambahan di atas setiap makaroni untuk hiasan.

k) Benarkan salutan CandiQuik ditetapkan sepenuhnya sebelum dihidangkan.

23.Hiasan Oreo CandiQuik

BAHAN-BAHAN:
- Oreo (biasa atau isi dua kali)
- 1 bungkusan CandiQuik (salut gula-gula berperisa vanila)
- Aneka warna aising atau gula-gula cair untuk hiasan
- Pelbagai taburan atau hiasan yang boleh dimakan
- Reben atau tali (untuk digantung)

ARAHAN:
a) Lapik loyang dengan kertas parchment.
b) Asingkan biskut Oreo, pastikan bahagian tepi dengan isi krim utuh.
c) Pecahkan CandiQuik kepada kepingan dan letakkan dalam mangkuk kalis haba. Cairkan CandiQuik mengikut arahan pakej. Biasanya, ini melibatkan gelombang mikro dalam selang 30 saat sehingga cair sepenuhnya.
d) Dengan menggunakan garpu atau pencungkil gigi, celupkan setiap kuki Oreo ke dalam CandiQuik yang dicairkan, memastikan salutan yang sekata. Benarkan sebarang salutan berlebihan menitis.
e) Letakkan Oreo bersalut pada loyang beralas kertas parchment.
f) Semasa salutan CandiQuik masih basah, gunakan aising berwarna atau gula-gula cair untuk mencipta reka bentuk perayaan pada setiap Oreo, seperti pusaran, jalur atau corak percutian.
g) Taburkan pelbagai taburan berwarna atau hiasan yang boleh dimakan ke atas salutan CandiQuik yang basah untuk menambah semangat perayaan.
h) Benarkan salutan dan hiasan CandiQuik ditetapkan sebahagiannya, tetapi tidak padat sepenuhnya.
i) Menggunakan pencungkil gigi atau lidi, buat lubang kecil berhampiran bahagian atas setiap Oreo bersalut untuk memasukkan reben atau tali.
j) Benarkan salutan CandiQuik mengeras sepenuhnya dan ditetapkan.
k) Setelah perhiasan Oreo ditetapkan sepenuhnya, masukkan reben atau tali melalui lubang, ikat simpulan dan buat gelung untuk digantung.
l) Gantungkan perhiasan Oreo pada pokok atau susunkannya dalam mangkuk hiasan untuk paparan perayaan.

TRUFLES

24. CandiQuik Kahlua Truffles

BAHAN-BAHAN:
- 1 bungkusan (16 auns) Candy Coating CandiQuik
- ¼ cawan krim berat
- 2 sudu besar mentega tanpa garam
- 3 sudu besar minuman keras Kahlua
- Serbuk koko atau gula tepung untuk salutan

ARAHAN:
a) Dalam periuk bersaiz sederhana, cairkan Candy Coating CandiQuik dengan api perlahan, kacau sentiasa.
b) Setelah cair, masukkan krim kental dan mentega tanpa garam ke dalam periuk. Teruskan mengacau sehingga adunan sebati dan sebati.
c) Keluarkan periuk dari api dan kacau dalam minuman keras Kahlua sehingga digabungkan sepenuhnya.
d) Biarkan campuran sejuk ke suhu bilik. Setelah sejuk, tutup periuk dan sejukkan sekurang-kurangnya 2 jam atau sehingga adunan menjadi pejal.
e) Setelah adunan menjadi padat, gunakan sudu atau sudu kecil untuk membahagikan bahagian bersaiz truffle. Gulungkan setiap bahagian menjadi bebola dan letakkan di atas dulang beralas kertas.
f) Jika mahu, gulungkan truffle dalam serbuk koko atau gula tepung untuk menyalutinya.
g) Sejukkan truffle selama 30 minit tambahan untuk ditetapkan.
h) Hidangkan dan nikmati CandiQuik Kahlua Truffles anda yang lazat!

25. CandiQuik Honey Thyme Truffles

BAHAN-BAHAN:
UNTUK TRUFFLES:
- 1 bungkusan CandiQuik (salut gula-gula berperisa vanila)
- ½ cawan krim berat
- 2 sudu besar madu
- 1 sudu besar daun thyme segar, dicincang halus
- Perahan 1 lemon

UNTUK SALUT:
- ½ cawan pistachio atau badam yang dicincang halus (untuk salutan)
- Tambahan daun thyme segar untuk hiasan

ARAHAN:
a) Dalam periuk kecil, panaskan krim berat di atas api sederhana sehingga ia mula mendidih. Keluarkan dari haba.
b) Pecahkan CandiQuik kepada kepingan dan letakkan dalam mangkuk kalis haba. Tuangkan krim panas ke atas CandiQuik dan biarkan selama seminit untuk melembutkan.
c) Kacau adunan sehingga CandiQuik benar-benar cair dan licin.
d) Masukkan madu, daun thyme yang dicincang halus, dan kulit limau ke dalam campuran CandiQuik yang telah dicairkan. Kacau rata hingga sebati.
e) Biarkan campuran sejuk ke suhu bilik, kemudian simpan dalam peti sejuk selama sekurang-kurangnya 2 jam atau sehingga ia menjadi cukup pejal untuk dikendalikan.
f) Dalam mangkuk cetek, letakkan pistachio atau badam yang dicincang halus untuk disalut.
g) Setelah campuran truffle telah sejuk, gunakan sudu atau pengisar tembikai untuk mengeluarkan bahagian kecil dan gulungkannya menjadi bebola.
h) Gulungkan setiap truffle dalam pistachio atau badam yang dicincang, memastikan salutan yang sekata.
i) Letakkan truffle bersalut pada dulang beralas kertas.
j) Hiaskan setiap truffle dengan daun thyme kecil untuk hiasan.
k) Sejukkan truffle selama kira-kira 30 minit untuk ditetapkan.
l) Hidangkan dan nikmati Honey Thyme Truffles ini sebagai hidangan yang menarik dengan gabungan rasa yang unik!

26. CandiQuik Black Bean Truffles

BAHAN-BAHAN:
- 1 tin (15 auns) kacang hitam, toskan dan bilas
- ½ cawan serbuk koko
- ¼ cawan madu atau sirap maple
- 1 sudu teh ekstrak vanila
- Secubit garam
- 1 bungkusan (16 auns) Candy Coating CandiQuik

ARAHAN:
a) Dalam pemproses makanan, campurkan kacang hitam, serbuk koko, madu atau sirap maple, ekstrak vanila dan garam sehingga adunan yang licin terbentuk.
b) Bentukkan adunan menjadi bebola sebesar truffle dan letakkan di atas dulang beralas kertas.
c) Cairkan Candy Coating CandiQuik mengikut arahan pakej.
d) Celupkan setiap truffle ke dalam CandiQuik yang telah dicairkan untuk menyalutinya.
e) Biarkan salutan mengeras sebelum dihidangkan.

27. CandiQuik Bourbon Truffles

BAHAN-BAHAN:
- 1 bungkusan (16 auns) Candy Coating CandiQuik
- ¼ cawan krim berat
- 2 sudu besar mentega tanpa garam
- 3 sudu besar bourbon
- Serbuk koko, gula tepung atau kacang cincang untuk salutan

ARAHAN:
a) Dalam periuk bersaiz sederhana, cairkan Candy Coating CandiQuik dengan api perlahan, kacau sentiasa.
b) Setelah cair, masukkan krim kental dan mentega tanpa garam ke dalam periuk. Teruskan mengacau sehingga adunan sebati dan sebati.
c) Keluarkan periuk dari api dan kacau dalam bourbon sehingga sebati sepenuhnya.
d) Biarkan campuran sejuk ke suhu bilik. Setelah sejuk, tutup periuk dan sejukkan sekurang-kurangnya 2 jam atau sehingga adunan menjadi pejal.
e) Setelah adunan menjadi padat, gunakan sudu atau sudu kecil untuk membahagikan bahagian bersaiz truffle. Gulung setiap bahagian menjadi bola.
f) Gulungkan truffle dalam serbuk koko, gula tepung atau kacang cincang untuk menyalutinya.
g) Letakkan truffle bersalut pada dulang beralas kertas.
h) Sejukkan truffle selama 30 minit tambahan untuk ditetapkan.
i) Hidangkan dan nikmati CandiQuik Bourbon Truffles anda yang lazat!

28. Truffle Bacon Coklat

BAHAN-BAHAN:
UNTUK TRUFFLES:
- 1 cawan daging masak dan hancur
- 1 ½ cawan CandiQuik (salutan gula-gula berperisa vanila)
- ½ cawan krim berat
- ¼ cawan mentega tanpa garam
- 1 sudu teh ekstrak vanila
- Secubit garam

UNTUK SALUT:
- 1 cawan coklat gelap, cair
- Bacon hancur untuk topping

ARAHAN:
UNTUK TRUFFLES:

a) Dalam periuk kecil, panaskan krim berat di atas api sederhana sehingga ia mula mendidih. Keluarkan dari haba.

b) Dalam mangkuk kalis haba, satukan CandiQuik, daging hancur dan garam.

c) Tuangkan krim panas ke atas campuran CandiQuik dan bacon. Biarkan seketika untuk melembutkan salutan gula-gula.

d) Kacau adunan sehingga CandiQuik benar-benar cair dan licin.

e) Masukkan mentega tanpa garam dan ekstrak vanila ke dalam campuran CandiQuik. Kacau sehingga mentega cair, dan adunan sebati.

f) Sejukkan campuran truffle selama sekurang-kurangnya 2 jam atau sehingga ia menjadi cukup pejal untuk dikendalikan.

UNTUK PERHIMPUNAN:

g) Setelah campuran truffle disejukkan, gunakan sudu atau pengisar tembikai untuk mengeluarkan bahagian kecil dan gulungkannya menjadi bebola.

h) Letakkan bebola truffle di atas dulang beralas kertas dan kembalikan ke peti sejuk semasa menyediakan salutan.

UNTUK SALUT:

i) Cairkan coklat gelap mengikut arahan pakej. Biasanya, ini melibatkan gelombang mikro dalam selang 30 saat sehingga cair sepenuhnya.

j) Celupkan setiap truffle ke dalam coklat gelap yang dicairkan, memastikan salutan yang sekata.
k) Letakkan truffle bersalut kembali pada dulang beralas kertas.
l) Sebelum set coklat gelap, taburkan daging hancur di atas setiap truffle untuk menambah rasa dan hiasan.
m) Biarkan salutan mengeras sepenuhnya sebelum dihidangkan.

29. Cinco de Mayo Mexican Spice Truffles

BAHAN-BAHAN:
UNTUK TRUFFLES:
- 1 bungkusan CandiQuik (salut gula-gula berperisa vanila)
- ½ cawan krim berat
- 1 sudu teh kayu manis tanah
- ½ sudu teh pala tanah
- ¼ sudu teh lada cayenne kisar (sesuaikan dengan rasa untuk kepedasan)
- ¼ sudu teh bunga cengkih kisar
- ¼ sudu teh lada sulah
- Serbuk 1 oren

UNTUK SALUT:
- ½ cawan serbuk koko
- ¼ cawan gula tepung
- 1 sudu teh kayu manis (untuk tabur)

ARAHAN:
a) Dalam periuk kecil, panaskan krim berat di atas api sederhana sehingga ia mula mendidih. Keluarkan dari haba.
b) Pecahkan CandiQuik kepada kepingan dan letakkan dalam mangkuk kalis haba. Tuangkan krim panas ke atas CandiQuik dan biarkan selama seminit untuk melembutkan.
c) Kacau adunan sehingga CandiQuik benar-benar cair dan licin.
d) Masukkan kayu manis, buah pala, lada cayenne, bunga cengkih, lada sulah, dan kulit oren ke dalam campuran CandiQuik yang telah dicairkan. Kacau rata hingga sebati.
e) Biarkan campuran sejuk ke suhu bilik, kemudian simpan dalam peti sejuk selama sekurang-kurangnya 2 jam atau sehingga ia menjadi cukup pejal untuk dikendalikan.
f) Dalam mangkuk cetek, satukan serbuk koko dan gula tepung. Mengetepikan.
g) Setelah campuran truffle telah sejuk, gunakan sudu atau pengisar tembikai untuk mengeluarkan bahagian kecil dan gulungkannya menjadi bebola.
h) Canai setiap truffle ke dalam serbuk koko dan campuran gula tepung, memastikan salutan yang sekata.

i) Letakkan truffle bersalut pada dulang beralas kertas.
j) Taburkan truffle dengan sedikit kayu manis yang dikisar untuk lapisan rasa tambahan.
k) Sejukkan truffle selama kira-kira 30 minit untuk ditetapkan.
l) Hidangkan dan nikmati Mexican Spice Truffles ini sebagai hidangan yang menarik untuk Cinco de Mayo atau sebarang majlis khas!

30. CandiQuik Pecan Pie Truffles

BAHAN-BAHAN:
UNTUK TRUFFLES:
- 1 cawan pecan, dicincang halus
- 1 cawan serbuk keropok graham
- ½ cawan sirap jagung ringan
- ¼ cawan mentega tanpa garam, cair
- ¼ cawan gula perang
- 1 sudu teh ekstrak vanila
- Secubit garam

UNTUK SALUT:
- 1 bungkusan CandiQuik (salut gula-gula berperisa vanila)

UNTUK HIASAN (PILIHAN):
- Pecan keseluruhan untuk hiasan
- Serbuk keropok graham tambahan

ARAHAN:
UNTUK TRUFFLES:
a) Dalam mangkuk adunan yang besar, satukan pecan yang dicincang halus, serbuk keropok graham, sirap jagung ringan, mentega cair, gula perang, ekstrak vanila dan secubit garam. Gaul hingga sebati.
b) Letakkan campuran di dalam peti sejuk selama kira-kira 30 minit untuk mengeras.
c) Setelah adunan menjadi pejal, gunakan tangan anda untuk menggulung bahagian kecil ke dalam bebola sebesar truffle dan letakkan di atas dulang beralas kulit.

UNTUK SALUT:
d) Cairkan CandiQuik mengikut arahan pakej. Biasanya, ini melibatkan gelombang mikro dalam selang 30 saat sehingga cair sepenuhnya.
e) Dengan menggunakan garpu atau pencungkil gigi, celupkan setiap truffle pai pecan ke dalam CandiQuik yang cair, memastikan salutan yang sekata.
f) Letakkan truffle bersalut kembali pada dulang beralas kertas.

UNTUK HIASAN (PILIHAN):
g) Semasa salutan CandiQuik masih basah, letakkan sebiji pecan di atas setiap truffle untuk hiasan.
h) Taburkan serbuk keropok graham tambahan di atas setiap truffle untuk rasa dan tekstur tambahan.
i) Biarkan salutan CandiQuik mengeras sepenuhnya sebelum dihidangkan.

31. Sudu Coklat Truffle Mentega Kacang

BAHAN-BAHAN:
- 1 cawan mentega kacang berkrim
- ½ cawan gula tepung
- ¼ cawan mentega tanpa garam, dilembutkan
- 1 sudu teh ekstrak vanila
- Secubit garam
- 1 bungkusan CandiQuik (salut gula-gula berperisa vanila)
- Acuan coklat atau gula-gula
- Sudu kayu atau sudu plastik untuk mencelup

ARAHAN:
a) Dalam mangkuk, satukan mentega kacang berkrim, gula tepung, mentega lembut, ekstrak vanila dan secubit garam. Gaul hingga sebati.
b) Gulungkan adunan mentega kacang ke dalam bebola kecil bersaiz truffle dan letakkan di atas dulang yang dialas kertas. Letakkan dulang di dalam peti sejuk selama kira-kira 30 minit untuk mengeraskan truffle.
c) Pecahkan CandiQuik kepada kepingan dan letakkan dalam mangkuk kalis haba. Cairkan CandiQuik mengikut arahan pakej. Biasanya, ini melibatkan gelombang mikro dalam selang 30 saat sehingga cair sepenuhnya.
d) Sediakan acuan coklat atau gula-gula anda. Jika menggunakan sudu kayu atau plastik, celupkan kepala sudu ke dalam CandiQuik cair untuk membuat asas coklat.
e) Letakkan truffle mentega kacang di atas setiap sudu bersalut coklat atau dalam setiap acuan.
f) Tuangkan lagi CandiQuik yang telah cair ke atas truffle mentega kacang untuk menutupinya sepenuhnya.
g) Benarkan salutan CandiQuik ditetapkan sebahagiannya, tetapi tidak sepenuhnya padat.
h) Pilihan: Jika mahu, anda boleh taburkan CandiQuik cair tambahan di atas untuk hiasan.
i) Biarkan salutan coklat mengeras sepenuhnya dan set.
j) Setelah set, Peanut Butter Truffle Chocolate Spoons anda sedia untuk dinikmati!

32. Truffle Kek Gemuk Coklat

BAHAN-BAHAN:
KEK:
- 1 kotak campuran kek coklat gelap (+bahan untuk adunan kek)
- 1¼ cawan Bir Guinness Extra Stout

FROSTING:
- 8 sudu besar (1 batang) mentega
- 3-4 cawan gula tepung, diayak
- 3 sudu besar bir kental (cth Guinness)
- ½ sudu teh ekstrak vanila
- Secubit garam

PELAPATAN:
- 2 bungkusan Coklat CandiQuik Coating

ARAHAN:
a) Sediakan kek seperti yang diarahkan pada kotak (menggantikan air dengan jumlah yang sama, 1-¼ cawan, bir porter atau gempal).
b) Hancurkan kek yang telah disejukkan ke dalam mangkuk besar.
c) Sediakan pembekuan: campurkan mentega lembut sehingga kembang. Perlahan-lahan tambah gula tepung, stout, vanila, dan garam; pukul pada sederhana tinggi selama 3 minit atau sehingga ringan dan gebu.
d) Tambah ½ cawan frosting ke kek hancur dan gaul sebati.
e) Canai adunan ke dalam bebola 1" dan masukkan ke dalam peti sejuk selama lebih kurang 1 jam.
f) Cairkan Coklat CandiQuik dalam Cairkan dan Buat Dulang Boleh Ketuhar Mikro mengikut arahan pakej. Celupkan bebola kek dalam salutan coklat dan letakkan di atas kertas lilin untuk ditetapkan.

33. Truffle Kek Champagne

BAHAN-BAHAN:

UNTUK KEK TRUFFLES:
- 1 kotak campuran kek berperisa champagne (tambah bahan-bahan yang disenaraikan pada kotak, cth, telur, minyak, air)
- 1 cawan champagne atau wain berkilauan
- ½ cawan krim mentega beku (dibeli di kedai atau buatan sendiri)
- 1 bungkusan CandiQuik (salut gula-gula berperisa vanila)
- Debu emas atau perak yang boleh dimakan untuk hiasan (pilihan)

UNTUK KEK MELETOP (PILIHAN):
- Batang lolipop
- CandiQuik tambahan untuk salutan
- Debu emas atau perak yang boleh dimakan untuk hiasan (pilihan)

ARAHAN:

UNTUK KEK TRUFFLES:
a) Panaskan ketuhar anda mengikut arahan adunan kek. Gris dan tepung kuali kek.
b) Sediakan campuran kek berperisa champagne mengikut arahan pakej, menggantikan champagne untuk air.
c) Bakar kek mengikut arahan dan biarkan ia sejuk sepenuhnya.
d) Apabila kek telah sejuk, hancurkan ia menjadi serbuk halus dalam mangkuk adunan yang besar.
e) Masukkan buttercream frosting ke dalam serbuk kek dan gaul sehingga sebati. Campuran harus mempunyai konsistensi seperti doh.
f) Bentukkan adunan menjadi bebola kecil bersaiz truffle dan letakkan di atas dulang beralas kertas.
g) Cairkan CandiQuik mengikut arahan pakej. Biasanya, ini melibatkan gelombang mikro dalam selang 30 saat sehingga cair sepenuhnya.
h) Celupkan setiap truffle kek ke dalam CandiQuik yang dicairkan, memastikan salutan yang sekata.
i) Letakkan truffle bersalut kembali pada dulang beralas kertas.
j) Jika dikehendaki, taburkan debu emas atau perak yang boleh dimakan di atas truffle untuk sentuhan hiasan.

k) Biarkan salutan CandiQuik mengeras sepenuhnya sebelum dihidangkan.

UNTUK KEK MELETOP (PILIHAN):

l) Ikuti langkah di atas untuk menyediakan adunan truffle kek dan bentukkannya menjadi bebola.
m) Daripada meletakkan truffle di atas dulang, masukkan batang lolipop ke dalam setiap bebola kek untuk membuat pop kek.
n) Cairkan CandiQuik tambahan untuk melapisi kek pop.
o) Celupkan setiap kek ke dalam CandiQuik yang telah dicairkan, memastikan salutan yang sekata.
p) Biarkan apa-apa salutan yang berlebihan menitis sebelum meletakkan kek muncul di atas dulang yang dialas kertas.
q) Pilihan: taburkan debu emas atau perak yang boleh dimakan di atas pop kek untuk hiasan.
r) Biarkan salutan CandiQuik mengeras sepenuhnya sebelum dihidangkan.

GIGITAN KEK

34. Gigitan Kek Creamsicle Oren CandiQuik

BAHAN-BAHAN:
- 1 kotak adunan kek vanila (tambah bahan yang diperlukan seperti telur, minyak, air)
- 1 cawan jus oren
- Serbuk sebiji oren
- 1 sudu teh ekstrak vanila
- ½ cawan mentega tanpa garam, cair
- 2 cawan salutan CandiQuik (oren atau putih)
- Pewarna makanan oren (pilihan)
- Taburan untuk hiasan (pilihan)

ARAHAN:
a) Panaskan ketuhar anda mengikut arahan adunan kek.
b) Dalam mangkuk adunan yang besar, sediakan adunan kek vanila mengikut arahan pada kotak.
c) Masukkan jus oren, kulit oren, ekstrak vanila, dan mentega cair ke dalam adunan kek. Gaul hingga sebati.
d) Tuangkan adunan ke dalam loyang kek yang telah digris dan ditaburi tepung.
e) Bakar kek mengikut arahan pakej.
f) Setelah masak, biarkan kek sejuk sepenuhnya.
g) Hancurkan kek yang telah disejukkan menjadi serbuk halus menggunakan tangan atau garpu.
h) Ambil bahagian kecil serbuk kek dan gulungkan menjadi bebola bersaiz gigitan. Letakkan bebola kek di atas dulang yang dialas kertas.
i) Dalam mangkuk selamat gelombang mikro, cairkan salutan CandiQuik mengikut arahan pakej. Jika mahu, tambahkan beberapa titis pewarna makanan oren untuk mencapai warna yang diingini.
j) Dengan menggunakan garpu atau pencungkil gigi, celupkan setiap bebola kek ke dalam salutan CandiQuik yang telah dicairkan, pastikan ia disalut sama rata. Benarkan sebarang salutan berlebihan menitis.
k) Letakkan bebola kek yang telah disalut kembali pada kertas parchment. Hiaskan dengan taburan sejurus sebelum set salutan.

l) Biarkan gigitan kek sejuk dan salutan mengeras sepenuhnya dengan meletakkannya di dalam peti sejuk selama kira-kira 15-20 minit.
m) Setelah salutan menjadi padat, pindahkan Orange Creamsicle Cake Bites ke dalam pinggan hidangan.
n) Hidangkan dan nikmati hidangan yang menarik ini pada perhimpunan anda yang seterusnya atau sebagai keseronokan yang manis.

35. CandiQuik Cannoli

BAHAN-BAHAN:
- 1 cawan keju ricotta
- ½ cawan gula tepung
- ½ sudu teh ekstrak vanila
- ¼ cawan cip coklat mini
- 1 bungkusan CandiQuik (salutan gula-gula berperisa vanila)
- ¼ cawan pistachio cincang (pilihan, untuk hiasan)
- Kerang pastri mini atau kerang cannoli

ARAHAN:
a) Dalam mangkuk adunan, satukan keju ricotta, gula tepung dan ekstrak vanila. Gaul hingga sebati.
b) Lipat cip coklat mini ke dalam adunan ricotta. Pastikan ia diagihkan sama rata.
c) Cairkan CandiQuik mengikut arahan pakej. Biasanya, ini melibatkan gelombang mikro dalam selang 30 saat sehingga cair sepenuhnya.
d) Celupkan tepi pastri mini atau cangkerang cannoli ke dalam CandiQuik yang dicairkan, memastikan salutan sekata. Biarkan salutan berlebihan menitis.
e) Letakkan cengkerang bersalut di atas dulang beralas kertas dan biarkan ia tetap sehingga CandiQuik mengeras.
f) Isikan piping bag dengan adunan ricotta. Jika anda tidak mempunyai beg paip, anda boleh menggunakan beg Ziploc dan potong lubang kecil di satu sudut.
g) Paipkan campuran ricotta ke dalam setiap cengkerang bersalut, isikannya.
h) Jika dikehendaki, taburkan pistachio cincang ke atas isi ricotta yang terdedah untuk menambah rasa dan tekstur.
i) Benarkan Cannoli Bites sejuk di dalam peti sejuk selama sekurang-kurangnya 30 minit untuk membiarkan intinya ditetapkan.
j) Setelah sejuk, hidangkan dan nikmati CandiQuik Cannoli Bites yang menarik ini!

36.Bom Kek Ceri CandiQuik

BAHAN-BAHAN:
UNTUK KEK:
- 1 kotak campuran kek putih (bertambah bahan yang disenaraikan pada kotak, cth, telur, minyak, air)
- 1 cawan ceri maraschino, cincang dan toskan
- ½ cawan cip coklat putih

UNTUK SALUT:
- 1 bungkusan CandiQuik (salut gula-gula berperisa vanila)

UNTUK HIASAN (PILIHAN):
- Gula-gula merah atau merah jambu cair (untuk gerimis)
- Tambahan ceri maraschino cincang

ARAHAN:
UNTUK KEK:
a) Panaskan ketuhar anda mengikut arahan adunan kek. Gris dan tepung dalam loyang 9x13 inci.
b) Sediakan adunan kek putih mengikut arahan pakej.
c) Masukkan ceri maraschino dan cip coklat putih yang telah dicincang ke dalam adunan kek.
d) Tuangkan adunan ke dalam loyang yang telah disediakan dan bakar mengikut arahan pakej.
e) Biarkan kek sejuk sepenuhnya, kemudian hancurkan ke dalam mangkuk besar.
f) Dengan menggunakan tangan atau sudu, campurkan kek yang telah hancur sehingga ia membentuk konsistensi seperti doh.
g) Ambil bahagian kecil adunan kek dan canai menjadi bebola bersaiz gigitan. Letakkannya di atas dulang beralas kertas.

UNTUK SALUT:
h) Cairkan CandiQuik mengikut arahan pakej. Biasanya, ini melibatkan gelombang mikro dalam selang 30 saat sehingga cair sepenuhnya.
i) Celupkan setiap bebola kek ke dalam CandiQuik yang telah dicairkan, memastikan salutan yang sekata.
j) Letakkan bebola kek bersalut semula di atas dulang berlapik kertas.

UNTUK HIASAN (PILIHAN):

k) Cairkan gula-gula merah atau merah jambu cair mengikut arahan pakej.
l) Renjiskan gula-gula cair di atas bebola kek bersalut untuk sentuhan hiasan.
m) Letakkan sekeping kecil ceri maraschino yang dicincang di atas setiap bom kek.
n) Biarkan salutan mengeras sepenuhnya sebelum dihidangkan.

37.Bebola Kek Margarita

BAHAN-BAHAN:
UNTUK BOLA KEK:
- 1 kotak campuran kek putih (bertambah bahan yang disenaraikan pada kotak, cth, telur, minyak, air)
- ⅓ cawan tequila
- ¼ cawan tiga saat
- Perahan 2 biji limau purut

UNTUK MARGARITA GLAZE:
- 2 cawan gula halus
- 2-3 sudu besar tequila
- 1 sudu besar triple sec
- Serbuk 1 biji limau purut

UNTUK SALUT:
- 1 bungkusan CandiQuik (salut gula-gula berperisa vanila)
- Garam kasar (untuk hiasan, pilihan)

ARAHAN:
UNTUK BOLA KEK:
a) Panaskan ketuhar anda mengikut arahan adunan kek. Gris dan tepung dalam loyang 9x13 inci.
b) Sediakan adunan kek putih mengikut arahan pakej.
c) Setelah adunan siap, masukkan tequila, triple sec, dan kulit limau hingga sebati.
d) Bakar kek dalam kuali yang disediakan mengikut arahan pakej. Biarkan ia sejuk sepenuhnya.
e) Apabila kek telah sejuk, hancurkan ia menjadi serbuk halus dalam mangkuk adunan yang besar.

UNTUK MARGARITA GLAZE:
f) Dalam mangkuk yang berasingan, pukul bersama gula tepung, tequila, triple sec, dan kulit limau sehingga anda mencapai konsistensi sayu yang licin.
g) Tuangkan glaze ke atas serbuk kek dan gaul sehingga sebati.
h) Gulungkan adunan ke dalam bebola kek kecil, kira-kira 1 hingga 1.5 inci diameter, dan letakkannya di atas dulang yang dialas kertas.
i) Letakkan dulang di dalam peti sejuk selama sekurang-kurangnya 1-2 jam untuk menguatkan bebola kek.

UNTUK SALUT:

j) Cairkan CandiQuik mengikut arahan pakej. Biasanya, ini melibatkan gelombang mikro dalam selang 30 saat sehingga cair sepenuhnya.

k) Dengan menggunakan garpu atau pencungkil gigi, celupkan setiap bebola kek ke dalam CandiQuik yang telah dicairkan, memastikan salutan yang sekata.

l) Letakkan bebola kek bersalut di atas dulang beralas kertas.

m) Pilihan: Taburkan garam kasar di atas setiap bebola kek semasa salutan CandiQuik masih basah untuk rim masin yang diinspirasikan oleh Margarita.

n) Biarkan salutan CandiQuik mengeras sepenuhnya sebelum dihidangkan.

38. Bebola Kek Bebola Mata CandiQuik

BAHAN-BAHAN:
- Bebola kek (disediakan menggunakan resipi kek kegemaran anda atau yang dibeli di kedai)
- 1 bungkusan (16 auns) Candy Coating CandiQuik
- Ais gel merah atau jem raspberi untuk kesan "darah".
- Cip coklat kecil atau mata gula-gula

ARAHAN:
a) Cairkan Candy Coating CandiQuik mengikut arahan pakej.
b) Celupkan setiap bebola kek ke dalam CandiQuik yang telah dicairkan untuk menyalutnya.
c) Letakkan dua cip coklat kecil atau mata gula-gula pada bola kek bersalut.
d) Gunakan aising gel merah atau jem raspberi untuk mencipta kesan "darah" di sekeliling mata.
e) Biarkan salutan mengeras sebelum dihidangkan.

39. Gigitan Kek Rempah Labu CandiQuik

BAHAN-BAHAN:
UNTUK GIGITAN KEK:
- 1 kotak campuran kek rempah ditambah bahan-bahan yang disenaraikan di kotak
- 1 cawan puri labu dalam tin
- 1 sudu teh rempah pai labu

UNTUK SALUT:
- 1 bungkusan CandiQuik (salut gula-gula berperisa vanila)

UNTUK HIASAN (PILIHAN):
- Serbuk kayu manis
- Kacang cincang (cth, pecan atau walnut)

ARAHAN:
UNTUK GIGITAN KEK:
a) Panaskan ketuhar anda mengikut arahan adunan kek. Gris dan tepung dalam loyang 9x13 inci.
b) Sediakan adunan kek rempah mengikut arahan pakej.
c) Masukkan puri labu tin dan rempah pai labu ke dalam adunan kek. Gaul hingga sebati.
d) Tuangkan adunan ke dalam loyang yang telah disediakan dan bakar mengikut arahan pakej. Biarkan kek sejuk sepenuhnya.
e) Apabila kek telah sejuk, hancurkan ia menjadi serbuk halus dalam mangkuk adunan yang besar.

UNTUK PERHIMPUNAN:
f) Gunakan tangan atau sudu anda untuk mencampurkan kek yang hancur dengan tangan anda atau sudu sehingga ia membentuk konsistensi seperti doh.
g) Gulungkan adunan ke dalam bebola kek kecil, kira-kira 1 hingga 1.5 inci diameter, dan letakkan di atas dulang yang dialas kertas.
h) Letakkan dulang di dalam peti sejuk selama sekurang-kurangnya 1-2 jam untuk menguatkan bebola kek.

UNTUK SALUT:
i) Cairkan CandiQuik mengikut arahan pakej. Biasanya, ini melibatkan gelombang mikro dalam selang 30 saat sehingga cair sepenuhnya.

j) Dengan menggunakan garpu atau pencungkil gigi, celupkan setiap bebola kek ke dalam CandiQuik yang telah dicairkan, memastikan salutan yang sekata.
k) Letakkan bebola kek bersalut semula di atas dulang berlapik kertas.

UNTUK HIASAN (PILIHAN):
l) Semasa salutan CandiQuik masih basah, taburkan kayu manis yang dikisar atau kacang cincang di atas setiap bebola kek untuk rasa dan hiasan tambahan.
m) Biarkan salutan CandiQuik mengeras sepenuhnya sebelum dihidangkan.

40. Gigitan Wafer BaNilla Coklat CandiQuik

BAHAN-BAHAN:
- Biskut wafer vanila
- 1 bungkusan CandiQuik (salut gula-gula berperisa vanila)
- Cip coklat gelap atau wafer cair coklat gelap (untuk gerimis, pilihan)
- Taburan atau kacang cincang (pilihan, untuk hiasan)

ARAHAN:
a) Lapik loyang dengan kertas parchment.
b) Pecahkan CandiQuik kepada kepingan dan letakkan dalam mangkuk kalis haba. Cairkan CandiQuik mengikut arahan pakej. Biasanya, ini melibatkan gelombang mikro dalam selang 30 saat sehingga cair sepenuhnya.
c) Celupkan setiap biskut wafer vanila ke dalam CandiQuik yang telah dicairkan, pastikan ia bersalut sepenuhnya.
d) Gunakan garpu atau alat celup untuk mengangkat wafer bersalut keluar dari CandiQuik, membenarkan sebarang salutan berlebihan menitis.
e) Letakkan wafer bersalut pada loyang beralas kertas parchment.
f) Pilihan: Jika anda ingin menambah sentuhan hiasan, taburkan coklat gelap cair ke atas wafer bersalut CandiQuik menggunakan sudu atau beg paip. Anda juga boleh taburkan taburan atau kacang cincang ke atas salutan CandiQuik basah untuk menambah tekstur dan hiasan.
g) Benarkan salutan CandiQuik (dan sebarang hiasan tambahan) mengeras dan ditetapkan sepenuhnya.

41. CandiQuik dan Kek Coklat

BAHAN-BAHAN:
UNTUK GIGITAN KEK:
- 1 kotak adunan kek coklat (tambah bahan yang disenaraikan pada kotak, cth, telur, minyak, air)
- 1 cawan wain merah (gunakan wain dengan perisa yang anda nikmati)
- ½ cawan CandiQuik (salutan gula-gula berperisa vanila), cair

UNTUK SALUT:
- 1 bungkusan CandiQuik (salut gula-gula berperisa vanila)

UNTUK HIASAN (PILIHAN):
- Serbuk coklat gelap atau serbuk koko
- Serpihan garam laut

ARAHAN:
UNTUK GIGITAN KEK:
a) Panaskan ketuhar anda mengikut arahan campuran kek coklat. Gris dan tepung dalam loyang 9x13 inci.
b) Sediakan campuran kek coklat mengikut arahan pakej, menggantikan wain merah untuk air.
c) Tuangkan adunan ke dalam loyang yang telah disediakan dan bakar mengikut arahan pakej. Biarkan kek sejuk sepenuhnya.
d) Apabila kek telah sejuk, hancurkan ia menjadi serbuk halus dalam mangkuk adunan yang besar.

UNTUK PERHIMPUNAN:
e) Gunakan tangan atau sudu anda untuk mencampurkan kek yang hancur dengan tangan anda atau sudu sehingga ia membentuk konsistensi seperti doh.
f) Gulungkan adunan ke dalam bebola kek kecil, kira-kira 1 hingga 1.5 inci diameter, dan letakkan di atas dulang yang dialas kertas.
g) Letakkan dulang di dalam peti sejuk selama kira-kira 30 minit untuk menguatkan bebola kek.

UNTUK SALUT:
h) Cairkan CandiQuik mengikut arahan pakej. Biasanya, ini melibatkan gelombang mikro dalam selang 30 saat sehingga cair sepenuhnya.

i) Dengan menggunakan garpu atau pencungkil gigi, celupkan setiap bebola kek ke dalam CandiQuik yang telah dicairkan, memastikan salutan yang sekata.
j) Letakkan bebola kek bersalut semula di atas dulang berlapik kertas.

UNTUK HIASAN (PILIHAN):

k) Semasa salutan CandiQuik masih basah, taburkan serbuk coklat gelap atau serbuk koko di atas setiap bebola kek untuk rasa dan hiasan tambahan.
l) Secara pilihan, taburkan beberapa kepingan garam laut di atasnya untuk meningkatkan rasa coklat yang kaya.
m) Biarkan salutan CandiQuik mengeras sepenuhnya sebelum dihidangkan.

42.Gigitan Kek Pelangi Emas Pot O'

BAHAN-BAHAN:
- 1 kotak campuran kek kegemaran anda (tambah bahan-bahan yang disenaraikan pada kotak)
- 1 cawan buttercream frosting
- Salutan Gula-gula CandiQuik
- Taburan pelangi
- Syiling coklat emas

ARAHAN:
a) Ikut arahan pada kotak adunan kek untuk menyediakan adunan kek. Bakar kek dalam kuali segi empat tepat mengikut arahan pakej. Biarkan kek sejuk sepenuhnya.
b) Apabila kek telah sejuk, hancurkan ia menjadi serbuk halus dalam mangkuk besar.
c) Campurkan buttercream frosting secara beransur-ansur sehingga serbuk kek melekat dan membentuk konsistensi seperti doh.
d) Ambil bahagian kecil adunan dan canai menjadi bebola bersaiz gigitan.
e) Cairkan Candy Coating CandiQuik mengikut arahan pakej.
f) Dengan menggunakan garpu atau pencungkil gigi, celupkan setiap bebola kek ke dalam CandiQuik yang telah dicairkan untuk menyalutinya sepenuhnya.
g) Sebelum set salutan, taburkan taburan pelangi di atas setiap bebola kek bersalut.
h) Letakkan syiling coklat emas di atas setiap bola kek untuk mewakili periuk emas.
i) Biarkan gigitan kek diletakkan di atas kertas parchment sehingga salutan mengeras.
j) Setelah salutan ditetapkan sepenuhnya, CandiQuik Pot O' Gold Rainbow Cake Bites anda sedia untuk dihidangkan!

43. Gigitan Kek Acorn CandiQuik

BAHAN-BAHAN:
- Gigitan kek (disediakan menggunakan resipi kek kegemaran anda atau yang dibeli di kedai)
- 1 bungkusan (16 auns) Candy Coating CandiQuik
- Cip coklat atau Hershey's Kisses
- Batang pretzel

ARAHAN:
a) Cairkan Candy Coating CandiQuik mengikut arahan pakej.
b) Celupkan setiap gigitan kek ke dalam CandiQuik yang telah dicairkan untuk menyalutnya.
c) Letakkan cip coklat atau Hershey's Kiss di atas penutup acorn.
d) Masukkan sekeping kecil batang pretzel ke dalam gigitan kek sebagai batang acorn.
e) Biarkan salutan mengeras sebelum dihidangkan.

44. Gigitan Kek Labu CandiQuik

BAHAN-BAHAN:
UNTUK GIGITAN KEK LABU:
- 1 kotak campuran kek rempah ditambah bahan-bahan yang disenaraikan di kotak
- 1 cawan puri labu dalam tin
- 1 sudu teh rempah pai labu
- ½ cawan CandiQuik (salutan gula-gula berperisa vanila), cair

UNTUK SALUT:
- 1 bungkusan CandiQuik (salut gula-gula berperisa vanila)

UNTUK HIASAN (PILIHAN):
- Keropok graham hancur
- Gula kayu manis
- Kacang cincang (cth, pecan atau walnut)

ARAHAN:
UNTUK GIGITAN KEK LABU:
a) Panaskan ketuhar anda mengikut arahan campuran kek rempah. Gris dan tepung dalam loyang 9x13 inci.
b) Sediakan adunan kek rempah mengikut arahan pakej.
c) Masukkan puri labu tin dan rempah pai labu ke dalam adunan kek. Gaul hingga sebati.
d) Tuangkan adunan ke dalam loyang yang telah disediakan dan bakar mengikut arahan pakej. Biarkan kek sejuk sepenuhnya.
e) Apabila kek telah sejuk, hancurkan ia menjadi serbuk halus dalam mangkuk adunan yang besar.

UNTUK PERHIMPUNAN:
f) Gunakan tangan atau sudu anda untuk mengadun kek yang telah hancur sehingga ia membentuk konsistensi seperti doh.
g) Gulungkan adunan ke dalam bebola kek kecil, kira-kira 1 hingga 1.5 inci diameter, dan letakkannya di atas dulang yang dialas kertas.
h) Letakkan dulang di dalam peti sejuk selama kira-kira 30 minit untuk menguatkan bebola kek.

UNTUK SALUT:
i) Cairkan CandiQuik mengikut arahan pakej. Biasanya, ini melibatkan gelombang mikro dalam selang 30 saat sehingga cair sepenuhnya.

j) Dengan menggunakan garpu atau pencungkil gigi, celupkan setiap bebola kek ke dalam CandiQuik yang telah dicairkan, memastikan salutan yang sekata.
k) Letakkan bebola kek bersalut semula di atas dulang berlapik kertas.

UNTUK HIASAN (PILIHAN):
l) Semasa salutan CandiQuik masih basah, taburkan keropok graham yang dihancurkan, gula kayu manis, atau kacang cincang di atas setiap bebola kek untuk rasa dan hiasan tambahan.
m) Biarkan salutan CandiQuik mengeras sepenuhnya sebelum dihidangkan.

45. Gigitan Kek Hati

BAHAN-BAHAN:
- 1 kotak adunan kek baldu merah
- 1 cawan krim keju frosting
- salutan coklat CandiQuik

ARAHAN:
a) Sediakan kek baldu merah mengikut arahan pakej.
b) Biarkan kek sejuk, kemudian hancurkan dan campurkan dengan krim cheese frosting.
c) Canai adunan ke dalam gigitan kek kecil berbentuk hati.
d) Cairkan salutan coklat CandiQuik dan celupkan setiap gigitan kek ke lapisan.
e) Letakkannya di atas lembaran pembakar yang beralas dan biarkan salutan coklat ditetapkan.

46. Gigitan Doh Kuih Chickpea

BAHAN-BAHAN:
- 1 tin (15 auns) kacang ayam, toskan dan bilas
- ½ cawan oat bebas gluten
- ¼ cawan mentega badam
- ¼ cawan madu
- 1 sudu teh ekstrak vanila
- Secubit garam
- 1 bungkusan (16 auns) Candy Coating CandiQuik

ARAHAN:
a) Dalam pemproses makanan, campurkan kacang ayam, oat, mentega badam, madu, ekstrak vanila dan garam sehingga konsisten seperti doh dicapai.
b) Bentukkan doh menjadi bebola bersaiz gigitan dan letakkan di atas dulang yang dialas kertas.
c) Cairkan Candy Coating CandiQuik mengikut arahan pakej.
d) Celupkan setiap gigitan doh biskut ke dalam CandiQuik yang telah dicairkan untuk menyalutinya.
e) Biarkan salutan mengeras sebelum dihidangkan.

47. Bola Kek Orang Salji Lebur CandiQuik

BAHAN-BAHAN:
- Bebola kek (disediakan menggunakan resipi kek kegemaran anda atau yang dibeli di kedai)
- 1 bungkusan (16 auns) Candy Coating CandiQuik
- Cip coklat kecil atau mata gula-gula
- Gula-gula oren cair (atau aising oren) untuk hidung lobak merah
- Ais hiasan untuk selendang dan butang

ARAHAN:
a) Celupkan setiap bebola kek dalam salutan CandiQuik yang telah dicairkan.
b) Letakkan dua cip coklat kecil atau mata gula-gula pada salutan cair untuk mata.
c) Gunakan sekeping kecil gula-gula oren cair atau aising untuk membuat hidung lobak merah.
d) Hiaskan dengan aising untuk membuat selendang dan butang, memberikan rupa manusia salji yang cair.
e) Biarkan salutan ditetapkan sebelum dihidangkan.

48. CandiQuik Cadbury

BAHAN-BAHAN:
UNTUK PENGISIAN:
- ½ cawan mentega tanpa garam, dilembutkan
- 2 ½ cawan gula tepung
- 1 sudu teh ekstrak vanila
- Pewarna makanan kuning (pilihan)

UNTUK SAPUTAN COKLAT:
- 1 bungkusan CandiQuik (salut gula-gula berperisa vanila)
- 1 sudu besar minyak sayuran

ARAHAN:

UNTUK PENGISIAN:

a) Dalam mangkuk adunan, pukul mentega lembut sehingga berkrim.
b) Masukkan gula tepung secara beransur-ansur ke dalam mentega, kacau rata selepas setiap penambahan.
c) Masukkan ekstrak vanila dan teruskan gaul sehingga adunan membentuk doh yang licin dan lentur.
d) Jika mahu, tambahkan beberapa titik pewarna makanan kuning untuk mencapai warna telur Cadbury yang klasik. Gaul sehingga warna sekata.
e) Bahagikan doh kepada bahagian kecil dan bentuk setiap bahagian menjadi bentuk seperti telur. Letakkan telur berbentuk di atas dulang yang dialas kertas.
f) Letakkan dulang di dalam peti sejuk untuk menyejukkan semasa anda menyediakan salutan coklat.

UNTUK SAPUTAN COKLAT:

g) Pecahkan CandiQuik kepada kepingan dan letakkan dalam mangkuk kalis haba. Tambah minyak sayuran ke CandiQuik.
h) Cairkan CandiQuik mengikut arahan pakej. Biasanya, ini melibatkan gelombang mikro dalam selang 30 saat sehingga cair sepenuhnya.
i) Keluarkan inti berbentuk dari peti sejuk.
j) Dengan menggunakan garpu atau alat mencelup gula-gula, celupkan setiap inti ke dalam CandiQuik yang telah cair, pastikan ia bersalut sepenuhnya.
k) Biarkan apa-apa salutan CandiQuik yang berlebihan menitis, kemudian letakkan semula telur bersalut di atas kertas kulit.
l) Setelah semua telur bersalut, letakkan dulang di dalam peti sejuk untuk membenarkan salutan coklat mengeras sepenuhnya.
m) Setelah ditetapkan, Telur Cadbury Buatan Sendiri anda sedia untuk dinikmati!

BUAH BERTUTUP

49. Blueberry Celup Vanila CandiQuik

BAHAN-BAHAN:
- Beri biru segar, dibasuh dan dikeringkan
- 1 bungkusan CandiQuik (salut gula-gula berperisa vanila)
- Pilihan: Taburan putih, kelapa parut, atau kacang cincang untuk hiasan

ARAHAN:
a) Lapik loyang dengan kertas parchment.
b) Pecahkan CandiQuik kepada kepingan dan letakkan dalam mangkuk kalis haba. Cairkan CandiQuik mengikut arahan pakej. Biasanya, ini melibatkan gelombang mikro dalam selang 30 saat sehingga cair sepenuhnya.
c) Setelah CandiQuik cair, gunakan pencungkil gigi atau lidi untuk mencelupkan setiap beri biru ke dalam salutan cair, memastikan salutan yang sekata dan licin.
d) Biarkan apa-apa salutan yang berlebihan menitis, dan letakkan beri biru bersalut pada lembaran pembakar yang dialas kertas parchment.
e) Pilihan: Jika anda ingin menambah sentuhan hiasan, taburkan taburan putih, kelapa parut atau kacang cincang di atas salutan CandiQuik yang basah pada setiap beri biru.
f) Biarkan salutan CandiQuik mengeras dan ditetapkan sepenuhnya.
g) Setelah Blueberry Celup Vanila siap sepenuhnya, anda boleh memindahkannya ke hidangan hidangan atau menyimpannya dalam bekas kedap udara.

50.Strawberi Bersalut Coklat CandiQuik

BAHAN-BAHAN:
- Strawberi segar, dibasuh dan dikeringkan
- 1 bungkusan CandiQuik (salut gula-gula berperisa vanila)
- Pilihan: Cip coklat putih, cip coklat gelap atau topping lain untuk hiasan

ARAHAN:
a) Lapik loyang dengan kertas parchment.
b) Pecahkan CandiQuik kepada kepingan dan letakkan dalam mangkuk kalis haba. Cairkan CandiQuik mengikut arahan pakej. Biasanya, ini melibatkan gelombang mikro dalam selang 30 saat sehingga cair sepenuhnya.
c) Pegang setiap strawberi pada batangnya atau gunakan pencungkil gigi untuk mencelupkan strawberi ke dalam CandiQuik yang telah cair, salutkannya kira-kira dua pertiga daripada jalan.
d) Biarkan apa-apa salutan CandiQuik yang berlebihan menitis, kemudian letakkan strawberi bersalut coklat pada lembaran pembakar yang dialas kertas parchment.
e) Pilihan: Semasa salutan CandiQuik masih basah, anda boleh menyiram coklat putih cair, coklat gelap atau topping lain di atas strawberi yang disaluti coklat untuk hiasan tambahan.
f) Biarkan salutan CandiQuik mengeras sepenuhnya.
g) Setelah set, Strawberi Bersalut Coklat anda sedia untuk dinikmati!

51. Strawberi Merah, Putih dan Biru

BAHAN-BAHAN:
- Strawberi segar, dibasuh dan dikeringkan
- 1 bungkusan CandiQuik (salut gula-gula berperisa vanila)
- Gula-gula biru cair
- Gula-gula putih cair
- Pilihan: Taburan merah, putih dan biru atau kilauan yang boleh dimakan untuk hiasan

ARAHAN:
a) Lapik loyang dengan kertas parchment.
b) Pecahkan CandiQuik kepada kepingan dan letakkan dalam mangkuk kalis haba. Cairkan CandiQuik mengikut arahan pakej. Biasanya, ini melibatkan gelombang mikro dalam selang 30 saat sehingga cair sepenuhnya.
c) Bahagikan strawberi kepada tiga kumpulan.
d) Celupkan satu kumpulan strawberi ke dalam CandiQuik yang telah dicairkan sehingga bersalut sepenuhnya. Letakkannya di atas lembaran pembakar yang dialas kertas parchment.
e) Celupkan satu lagi kumpulan strawberi ke dalam gula-gula biru cair sehingga bersalut sepenuhnya. Letakkannya di sebelah strawberi bersalut putih pada lembaran pembakar.
f) Celupkan baki kumpulan strawberi ke dalam gula-gula putih cair sehingga bersalut sepenuhnya. Letakkannya di sebelah strawberi bersalut biru pada lembaran pembakar.
g) Pilihan: Semasa salutan gula-gula masih basah, taburkan taburan merah, putih dan biru atau kilauan boleh dimakan di atas setiap strawberi bersalut untuk sentuhan perayaan.
h) Biarkan salutan gula-gula mengeras dan set sepenuhnya.
i) Setelah ditetapkan, Strawberi Merah, Putih dan biru anda sedia untuk dinikmati!

52. Gigitan Pisang Bertutup

BAHAN-BAHAN:
- Pisang, dikupas dan dihiris seukuran gigitan
- 1 paket salutan vanila CandiQuik
- Kacang cincang atau kelapa parut (pilihan untuk salutan)

ARAHAN:
a) Cairkan salutan vanila CandiQuik mengikut arahan pakej.
b) Celupkan setiap gigitan pisang ke dalam salutan vanila cair, tutupinya sepenuhnya.
c) Letakkan gigitan pisang bersalut pada dulang beralas kertas parchment.
d) Jika mahu, gulungkan gigitan pisang bersalut dalam kacang cincang atau kelapa parut.
e) Benarkan salutan ditetapkan pada suhu bilik atau di dalam peti sejuk.
f) Setelah set, hidangkan dan nikmati gigitan pisang bersalut CandiQuik yang lazat ini.

53. Hirisan Epal Bersalut CandiQuik

BAHAN-BAHAN:
- Epal, dihiris menjadi kepingan
- 1 paket salutan coklat CandiQuik
- Kacang atau taburan hancur (pilihan untuk topping)

ARAHAN:
a) Cairkan salutan coklat CandiQuik mengikut arahan pakej.
b) Celupkan setiap baji epal ke dalam coklat cair, pastikan ia bersalut sepenuhnya.
c) Letakkan kepingan epal yang telah dicelup pada dulang beralas kertas parchment.
d) Jika mahu, taburkan kacang hancur atau taburan berwarna-warni di atas salutan coklat.
e) Biarkan coklat ditetapkan pada suhu bilik atau di dalam peti sejuk.
f) Setelah ditetapkan, hidangkan dan nikmati hirisan epal bersalut CandiQuik yang lazat ini.

54. Cinco de Mayo Strawberi

BAHAN-BAHAN:
- Strawberi segar, dibasuh dan dikeringkan
- 1 bungkusan CandiQuik (salut gula-gula berperisa vanila)
- Gula berwarna hijau atau taburan hijau
- Gula putih atau berwarna emas atau taburan
- Pilihan: Kulit limau nipis untuk hiasan

ARAHAN:
a) Lapik loyang dengan kertas parchment.
b) Pecahkan CandiQuik kepada kepingan dan letakkan dalam mangkuk kalis haba. Cairkan CandiQuik mengikut arahan pakej. Biasanya, ini melibatkan gelombang mikro dalam selang 30 saat sehingga cair sepenuhnya.
c) Pegang setiap strawberi pada batangnya atau gunakan pencungkil gigi untuk mencelupkan strawberi ke dalam CandiQuik yang telah cair, salutkannya kira-kira dua pertiga daripada jalan.
d) Biarkan apa-apa salutan CandiQuik yang berlebihan menitis, kemudian letakkan strawberi bersalut pada lembaran pembakar yang dialas kertas parchment.
e) Semasa salutan CandiQuik masih basah, taburkan gula berwarna hijau atau taburan hijau pada satu pertiga daripada strawberi bersalut. Ini mewakili warna hijau bendera Mexico.
f) Taburkan gula putih atau berwarna emas atau taburkan pada satu pertiga lagi daripada strawberi bersalut. Ini mewakili warna putih bendera Mexico.
g) Biarkan baki satu pertiga daripada strawberi bersalut tanpa taburan tambahan untuk warna merah bendera Mexico.
h) Pilihan: Perahkan limau nipis di atas strawberi untuk rasa sitrus dan hiasan tambahan.
i) Biarkan salutan CandiQuik mengeras sepenuhnya.
j) Setelah ditetapkan, Cinco de Mayo Strawberi anda sedia untuk dinikmati!

55.Topi Santa Strawberi

BAHAN-BAHAN:
- CandiQuik (salut coklat putih)
- Strawberi segar
- Marshmallow kecil

ARAHAN:
a) Cairkan coklat putih CandiQuik mengikut arahan pakej.
b) Celupkan hujung runcing strawberi ke dalam CandiQuik yang telah dicairkan.
c) Letakkan marshmallow kecil di atas strawberi bersalut untuk membentuk pom-pom topi Santa.
d) Biarkan CandiQuik ditetapkan sebelum dihidangkan.

KEK, DONAT DAN PAI

56. CandiQuik Lemon Blueberry Cheesecake

BAHAN-BAHAN:
UNTUK KERAK:
- 1 ½ cawan serbuk keropok graham
- ¼ cawan mentega cair
- ¼ cawan gula pasir

UNTUK PENGISIAN KEK KEJU:
- 3 bungkusan (8 auns setiap satu) keju krim, dilembutkan
- 1 cawan gula pasir
- 3 biji telur besar
- 1 sudu teh ekstrak vanila
- Perahan 1 lemon
- ¼ cawan jus lemon segar
- 1 cawan beri biru segar

UNTUK CANDIQUIK LEMON GLAZE:
- 1 bungkusan CandiQuik (salut gula-gula berperisa vanila)
- Perahan 1 lemon
- 2 sudu besar jus lemon segar

ARAHAN:
UNTUK KERAK:
a) Panaskan ketuhar anda kepada 325°F (163°C). Griskan loyang springform 9 inci.
b) Dalam mangkuk, satukan serbuk keropok graham, mentega cair dan gula pasir. Tekan adunan ke bahagian bawah kuali yang disediakan untuk membentuk kerak.
c) Bakar kerak dalam ketuhar yang telah dipanaskan selama kira-kira 10 minit. Keluarkan dari ketuhar dan biarkan ia sejuk semasa anda menyediakan inti.

UNTUK PENGISIAN KEK KEJU:
d) Dalam mangkuk adunan besar, pukul keju krim dan gula pasir sehingga sebati.
e) Masukkan telur, satu demi satu, pukul sebati selepas setiap penambahan.
f) Masukkan ekstrak vanila, kulit limau, dan jus lemon segar sehingga sebati.
g) Perlahan-lahan lipat dalam beri biru segar.

h) Tuangkan inti kek keju ke atas kerak yang telah disejukkan.
i) Bakar dalam ketuhar yang telah dipanaskan selama kira-kira 50-60 minit atau sehingga bahagian tengah ditetapkan.
j) Keluarkan kek keju dari ketuhar dan biarkan ia sejuk pada suhu bilik. Sejukkan sekurang-kurangnya 4 jam atau semalaman.

UNTUK CANDIQUIK LEMON GLAZE:

k) Pecahkan CandiQuik kepada kepingan dan letakkan dalam mangkuk kalis haba. Cairkan CandiQuik mengikut arahan pakej.
l) Masukkan perahan limau nipis dan jus lemon segar ke dalam CandiQuik cair sehingga sebati.
m) Tuangkan sayu lemon CandiQuik ke atas kek keju yang telah disejukkan, ratakan.
n) Kembalikan kek keju ke dalam peti sejuk untuk sayu ditetapkan.
o) Setelah sayu ditetapkan, keluarkan kek keju dari kuali springform, potong dan hidangkan.

57. CandiQuik Pumpkin Cheesecake

BAHAN-BAHAN:
- Bar atau petak kek keju labu (disediakan menggunakan resipi kegemaran anda atau yang dibeli di kedai)
- 1 bungkusan (16 auns) Candy Coating CandiQuik
- Keropok graham dihancurkan untuk salutan (pilihan)

ARAHAN:
a) Potong kek keju labu menjadi segi empat sama bersaiz gigitan.
b) Cairkan Candy Coating CandiQuik mengikut arahan pakej.
c) Celupkan setiap segi empat sama kek keju ke dalam CandiQuik yang telah dicairkan untuk menyalutnya.
d) Jika mahu, gulungkan segi empat sama bersalut dalam keropok graham yang dihancurkan untuk rasa dan tekstur tambahan.
e) Biarkan salutan mengeras sebelum dihidangkan.

58.Toppers Kek Cawan Sirip Jerung CandiQuik

BAHAN-BAHAN:
UNTUK SIRIP JUNG:
- 1 bungkusan CandiQuik (salut gula-gula berperisa vanila)
- Pewarna makanan biru
- Fondant putih atau gula-gula putih cair (untuk sirip jerung)

UNTUK CUPCAKES (PILIHAN):
- Resipi kek cawan kegemaran anda atau kek cawan yang dibeli di kedai
- Pembekuan biru

ARAHAN:

UNTUK SIRIP JUNG:

a) Pecahkan CandiQuik kepada kepingan dan letakkan dalam mangkuk kalis haba. Cairkan CandiQuik mengikut arahan pakej. Biasanya, ini melibatkan gelombang mikro dalam selang 30 saat sehingga cair sepenuhnya.

b) Tambah beberapa titis pewarna makanan biru pada CandiQuik yang telah dicairkan dan kacau sehingga anda mencapai warna biru yang diingini untuk lautan.

c) Canai fondan putih atau gula-gula putih cair mengikut arahan pakej.

d) Menggunakan pemotong biskut berbentuk sirip yu atau templat, potong sirip yu daripada fondan putih atau gula-gula putih cair.

e) Celupkan setiap sirip ikan yu ke dalam salutan CandiQuik biru, memastikan salutan yang rata dan licin.

f) Letakkan sirip jerung bersalut pada dulang beralas kertas dan biarkan ia mengeras sepenuhnya.

UNTUK CUPCAKES (PILIHAN):

g) Bakar resipi kek cawan kegemaran anda atau gunakan kek cawan yang dibeli di kedai.

h) Setelah kek cawan telah sejuk, bekukannya dengan pembekuan biru untuk mewakili lautan.

PERHIMPUNAN:

i) Setelah sirip jerung benar-benar mengeras, masukkannya perlahan-lahan ke bahagian atas setiap kek cawan, mencipta sirip jerung yang muncul dari "lautan."

j) Jika mahu, anda boleh menambah hiasan tambahan seperti taburan berbentuk ikan atau taburan biru untuk mempertingkatkan tema bawah air.

k) Susun kek cawan di atas pinggan hidangan dan nikmati kek cawan Shark Fin anda yang comel!

59. CandiQuik Lemon Almond Donuts

BAHAN-BAHAN:
UNTUK DONAT:
- 2 cawan tepung serba guna
- 1 cawan gula pasir
- 1 ½ sudu teh serbuk penaik
- ½ sudu teh baking soda
- ¼ sudu teh garam
- ½ cawan mentega tanpa garam, cair
- 2 biji telur besar
- 1 cawan buttermilk
- 1 sudu teh ekstrak vanila
- Perahan 2 biji lemon
- ½ cawan badam cincang (untuk topping)

UNTUK CANDIQUIK LEMON ALMOND GLAZE:
- 1 bungkusan CandiQuik (salut gula-gula berperisa vanila)
- Jus 2 biji limau
- 1 cawan gula tepung
- ¼ cawan badam cincang (untuk topping)

ARAHAN:
UNTUK DONAT:
a) Panaskan ketuhar anda hingga 350°F (175°C). Minyakkan loyang donat.
b) Dalam mangkuk adunan besar, pukul bersama tepung, gula, serbuk penaik, soda penaik, dan garam.
c) Dalam mangkuk yang berasingan, pukul bersama mentega cair, telur, susu mentega, ekstrak vanila dan kulit limau.
d) Masukkan bahan basah ke dalam bahan kering, kacau sehingga sebati. Jangan overmix.
e) Sudukan adunan ke dalam kuali donat yang disediakan, penuhkan setiap acuan kira-kira ⅔ penuh.
f) Bakar dalam ketuhar yang telah dipanaskan selama 12-15 minit atau sehingga pencungkil gigi yang dimasukkan ke dalam donat keluar bersih.
g) Biarkan donat sejuk di dalam kuali selama beberapa minit sebelum memindahkannya ke rak dawai untuk menyejukkan sepenuhnya.

UNTUK CANDIQUIK LEMON ALMOND GLAZE:

h) Cairkan CandiQuik mengikut arahan pakej. Biasanya, ini melibatkan gelombang mikro dalam selang 30 saat sehingga cair sepenuhnya.

i) Dalam mangkuk, satukan CandiQuik yang telah dicairkan dengan jus lemon dan gula tepung. Kacau hingga rata dan sebati.

j) Celupkan setiap donat yang telah disejukkan ke dalam sayu badam lemon CandiQuik, memastikan salutan sekata.

k) Taburkan badam cincang di atas donat sayu untuk menambah rasa dan tekstur.

l) Biarkan sayu mengeras sebelum dihidangkan.

60. Pai Aiskrim CandiQuik

BAHAN-BAHAN:
UNTUK KERAK:
- 2 cawan serbuk keropok graham
- ½ cawan mentega tanpa garam, cair
- ¼ cawan gula pasir

UNTUK PENGISIAN:
- 1 bungkusan CandiQuik (salut gula-gula berperisa vanila)
- 1 liter (kira-kira 4 cawan) perisa ais krim kegemaran anda

UNTUK TOPPING (PILIHAN):
- Krim putar
- Sos coklat
- Kacang cincang
- Taburan
- Ceri Maraschino

ARAHAN:
UNTUK KERAK:
a) Dalam mangkuk, satukan serbuk keropok graham, mentega cair dan gula pasir. Gaul sehingga serbuk bersalut rata.
b) Tekan adunan ke bahagian bawah dan atas sisi hidangan pai untuk membentuk kerak.
c) Letakkan kerak di dalam peti sejuk untuk menyejukkan semasa anda menyediakan inti.

UNTUK PENGISIAN:
d) Cairkan CandiQuik mengikut arahan pakej. Biasanya, ini melibatkan gelombang mikro dalam selang 30 saat sehingga cair sepenuhnya.
e) Biarkan CandiQuik yang dicairkan sejuk sedikit.
f) Sudukan aiskrim yang telah dilembutkan ke dalam kerak keropok graham, ratakan.
g) Tuangkan CandiQuik yang telah cair ke atas aiskrim, menghasilkan salutan yang licin dan berkilat.
h) Letakkan pai di dalam peti sejuk dan biarkan ia ditetapkan sekurang-kurangnya 2-3 jam atau sehingga CandiQuik mengeras.

UNTUK TOPPING (PILIHAN):
i) Sebelum dihidangkan, tambahkan topping kegemaran anda seperti krim putar, sos coklat, kacang cincang, taburan, dan ceri maraschino.
j) Hiris dan hidangkan Pai Aiskrim CandiQuik sejuk.

61. Kek Donat dengan Coklat dan Kelapa Panggang

BAHAN-BAHAN:
- 2 cawan tepung serba guna
- ¾ cawan gula
- 2 sudu teh serbuk penaik
- ½ sudu teh garam
- ¾ cawan mentega
- 1 sudu teh ekstrak vanila
- 1 sudu teh pes kacang vanila (atau biji dari sebiji kacang vanila)
- 2 biji telur
- 2 sudu besar mentega, cair
- 8 auns Coklat CandiQuik Salutan
- ½ cawan kelapa bakar

ARAHAN:
a) Panaskan ketuhar hingga 350°F. Sembur kuali donat dengan semburan masak nonstick.
b) Dalam mangkuk besar, pukul bersama tepung, gula, serbuk penaik, dan garam.
c) Masukkan buttermilk, telur, vanila, dan mentega, dan pukul sehingga sebati.
d) Sudukan adunan ke dalam piping bag (atau beg plastik dengan satu sudut dipotong); paipkan ke dalam kuali donat, isi setiap inden donat kira-kira ¾ penuh.
e) Bakar selama 10-12 minit atau sehingga bahagian atas melantun semula jika disentuh. Biarkan sejuk.
f) Cairkan Coklat CandiQuik dalam Cairkan dan Buat Dulang Boleh Ketuhar Mikro mengikut arahan pakej.
g) Celupkan bahagian atas donat ke dalam salutan coklat dan taburkan dengan kelapa bakar. Hidangkan segera.

POPS

62. Bijirin Pisang Pops

BAHAN-BAHAN:
- 1 (16 auns) bungkusan Vanilla CandiQuik Coating
- 4-5 cawan bijirin strawberi-cornflake, dihancurkan
- 6 Pisang
- Batang es loli/lidi

ARAHAN:
a) Kupas dan potong pisang kepada 4-5" kepingan.
b) Tekan setiap kepingan pisang pada batang popsicle dan letakkan di dalam peti sejuk selama 15-20 minit.
c) Cairkan Vanila CandiQuik dalam Cairkan dan Buat Dulang Boleh Ketuhar Mikro mengikut arahan pakej.
d) Sambil memegang pop pisang, celup terus ke dalam dulang Vanilla CandiQuik dan gunakan sudu untuk menutup pisang sepenuhnya.
e) Segera gulungkan pop pisang dalam bijirin yang telah dihancurkan. Letakkan di atas kertas lilin.

63. Kek Pokok Truffula CandiQuik Meletus

BAHAN-BAHAN:

UNTUK KEK Pop:
- 1 kotak adunan kek kegemaran anda (tambah bahan yang disenaraikan pada kotak, cth, telur, minyak, air)
- ½ cawan krim mentega beku (dibeli di kedai atau buatan sendiri)
- Batang lolipop

UNTUK SALUT:
- 1 bungkusan CandiQuik (salut gula-gula berperisa vanila)
- Pelbagai pewarna makanan bertenaga (untuk warna pokok Truffula)
- Gula berwarna boleh dimakan atau taburan (untuk puncak pokok)

ARAHAN:

UNTUK KEK Pop:
a) Panaskan ketuhar anda mengikut arahan adunan kek. Gris dan tepung kuali kek.
b) Sediakan adunan kek mengikut arahan pakej.
c) Bakar kek mengikut arahan dan biarkan ia sejuk sepenuhnya.
d) Apabila kek telah sejuk, hancurkan ia menjadi serbuk halus dalam mangkuk adunan yang besar.
e) Masukkan buttercream frosting ke dalam serbuk kek dan gaul sehingga sebati. Campuran harus mempunyai konsistensi seperti doh.
f) Bentukkan adunan menjadi bebola kecil bersaiz pop dan letakkan di atas dulang beralas kertas.
g) Masukkan batang lolipop ke dalam setiap bebola kek untuk mencipta pop kek.

UNTUK SALUT:
h) Pecahkan CandiQuik kepada kepingan dan letakkan dalam mangkuk kalis haba. Cairkan CandiQuik mengikut arahan pakej. Biasanya, ini melibatkan gelombang mikro dalam selang 30 saat sehingga cair sepenuhnya.
i) Bahagikan CandiQuik yang telah dicairkan kepada mangkuk yang lebih kecil, dan tambahkan pewarna makanan yang berbeza pada setiap mangkuk untuk mewakili warna pokok Truffula yang berbeza.

j) Celupkan setiap kek ke dalam CandiQuik berwarna, memastikan salutan yang sekata.
k) Sebelum salutan ditetapkan, taburkan gula berwarna yang boleh dimakan atau taburan pada bahagian atas setiap pop kek untuk menyerupai bahagian atas pokok Truffula yang berumbai.
l) Biarkan salutan CandiQuik mengeras sepenuhnya sebelum dihidangkan.

64. CandiQuik Nasi Turki Krispie Pops

BAHAN-BAHAN:
UNTUK RAWATAN NASI KRISPIE:
- 6 cawan Rice Krispies bijirin
- 4 cawan marshmallow mini
- 3 sudu besar mentega tanpa garam
- Pewarna makanan oren dan kuning (gel atau cecair)

UNTUK MENGHIAS:
- 1 bungkusan CandiQuik (salut gula-gula berperisa vanila)
- Mata gula-gula
- Gula-gula jagung
- Kulit buah merah atau tali likuoris (untuk wattle)

ARAHAN:
UNTUK RAWATAN NASI KRISPIE:
a) Dalam periuk besar, cairkan mentega dengan api perlahan.
b) Masukkan marshmallow mini ke dalam mentega cair dan kacau sehingga benar-benar cair dan rata.
c) Keluarkan periuk dari api dan tambah beberapa titis pewarna makanan oren dan kuning untuk mencapai warna bulu ayam belanda. Kacau sehingga sebati.
d) Cepat-cepat masukkan bijirin Rice Krispies sehingga bersalut rata dengan adunan marshmallow.
e) Tekan adunan Rice Krispie berwarna ke dalam loyang 9x13 inci yang telah digris. Biarkan ia sejuk dan set.
f) Setelah hidangan Rice Krispie disejukkan sepenuhnya, gunakan pemotong biskut berbentuk ayam belanda atau potong bentuk ayam belanda dengan pisau.

UNTUK MENGHIAS:
g) Cairkan CandiQuik mengikut arahan pakej. Biasanya, ini melibatkan gelombang mikro dalam selang 30 saat sehingga cair sepenuhnya.
h) Celupkan bahagian atas setiap hidangan Nasi Krispie berbentuk ayam belanda ke dalam CandiQuik yang telah dicairkan, membenarkan sebarang lebihan menitis.
i) Letakkan mata gula-gula pada bahagian cair bersalut CandiQuik setiap ayam belanda.

j) Lampirkan jagung gula-gula pada bahagian bawah ayam belanda untuk mewakili bulu.
k) Potong kepingan kecil kulit buah merah atau tali likuoris dan pasangkannya di bawah jagung gula-gula sebagai wattle ayam belanda.
l) Benarkan salutan CandiQuik ditetapkan sepenuhnya sebelum dihidangkan.

65. CandiQuik S'more Pops

BAHAN-BAHAN:
- Marshmallow
- Keropok Graham, hancur
- 1 bungkusan CandiQuik (salut gula-gula berperisa vanila)
- Batang lolipop
- cip coklat mini atau ketulan coklat
- Pilihan: Kacang hancur atau taburan untuk salutan

ARAHAN:
a) Lapik loyang dengan kertas parchment.
b) Masukkan batang lolipop ke dalam marshmallow, pastikan ia selamat tetapi tidak mencucuk.
c) Pecahkan CandiQuik kepada kepingan dan letakkan dalam mangkuk kalis haba. Cairkan CandiQuik mengikut arahan pakej. Biasanya, ini melibatkan gelombang mikro dalam selang 30 saat sehingga cair sepenuhnya.
d) Celupkan setiap marshmallow ke dalam CandiQuik yang telah dicairkan, pastikan ia disalut sama rata.
e) Biarkan sebarang salutan berlebihan menitis, kemudian gulungkan marshmallow bersalut dalam keropok graham yang dihancurkan. Tekan keropok graham pada marshmallow untuk melekat.
f) Letakkan marshmallow bersalut pada lembaran pembakar yang disediakan.
g) Sebelum set salutan CandiQuik, tekan cip coklat mini atau ketulan coklat ke dalam salutan untuk mewakili lapisan coklat s'more.
h) Pilihan: Jika dikehendaki, taburkan kacang hancur atau taburan berwarna-warni di atas salutan CandiQuik yang basah untuk menambah tekstur dan hiasan.
i) Biarkan salutan CandiQuik mengeras sepenuhnya.
j) Setelah ditetapkan, CandiQuik S'more Pops anda sedia untuk dinikmati!

66. CandiQuik Grape Poppers

BAHAN-BAHAN:
- Anggur merah atau hijau tanpa biji
- 1 bungkusan CandiQuik (salut gula-gula berperisa vanila)
- Lidi kayu atau pencungkil gigi
- Pilihan: Taburan berwarna atau kilauan yang boleh dimakan untuk hiasan

ARAHAN:
a) Basuh dan keringkan anggur dengan teliti. Pastikan ia benar-benar kering untuk membantu salutan CandiQuik melekat.
b) Lapik loyang dengan kertas parchment.
c) Pecahkan CandiQuik kepada kepingan dan letakkan dalam mangkuk kalis haba. Cairkan CandiQuik mengikut arahan pakej. Biasanya, ini melibatkan gelombang mikro dalam selang 30 saat sehingga cair sepenuhnya.
d) Lidi setiap anggur dengan lidi kayu atau pencungkil gigi, tinggalkan ruang yang cukup untuk memegang lidi.
e) Celupkan setiap anggur ke dalam CandiQuik yang telah dicairkan, pastikan ia bersalut sepenuhnya. Anda boleh menggunakan sudu untuk membantu menyalut anggur dengan sekata.
f) Biarkan sebarang salutan CandiQuik yang berlebihan menitis, dan letakkan anggur bersalut pada lembaran pembakar yang dialas kertas parchment.
g) Pilihan: Semasa salutan CandiQuik masih basah, taburkan taburan berwarna atau kilauan yang boleh dimakan di bahagian atas untuk sentuhan hiasan.
h) Ulangi proses sehingga semua anggur disalut dan dihias.
i) Biarkan salutan CandiQuik mengeras sepenuhnya sebelum dihidangkan.
j) Hidangkan Grape Poppers anda di atas pinggan atau dalam bekas hiasan.

67.CandiQuik Magic Rainbow Krispie Pops

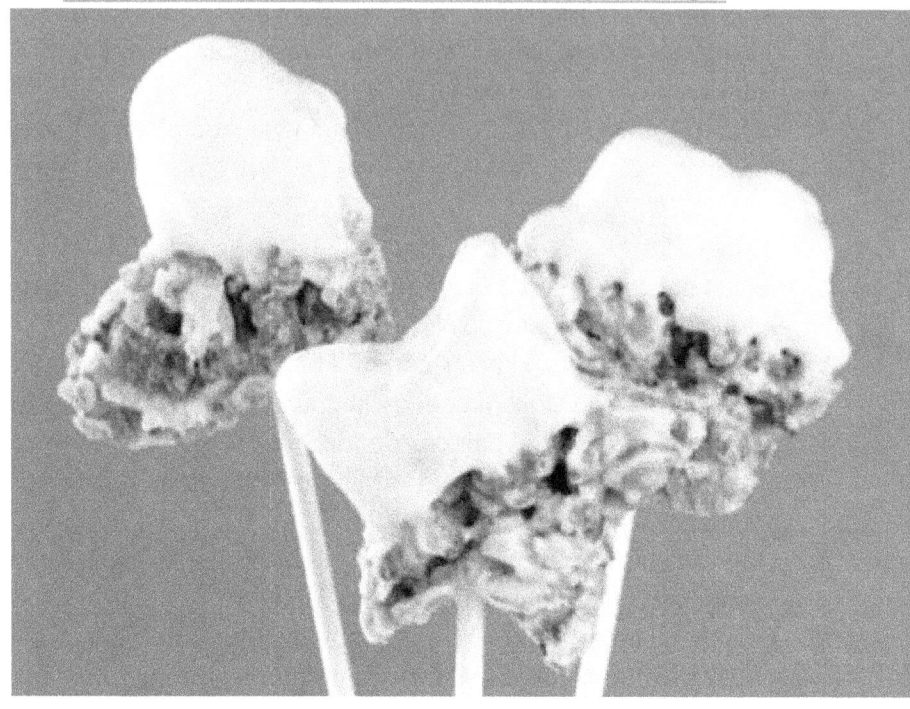

BAHAN-BAHAN:
- 6 cawan bijirin nasi rangup
- ¼ cawan mentega tanpa garam
- 1 pakej (10 auns) marshmallow mini
- 1 sudu teh ekstrak vanila
- Pewarna makanan pelangi (merah, oren, kuning, hijau, biru, ungu)
- Batang lolipop
- 1 bungkusan CandiQuik (salut gula-gula berperisa vanila)
- Kilauan yang boleh dimakan atau taburan berwarna-warni (pilihan)

ARAHAN:
UNTUK MERAWAT MAGIC RAINBOW KRISPIE:
a) Dalam periuk besar, cairkan mentega tanpa garam dengan api perlahan.
b) Masukkan marshmallow mini ke dalam mentega cair dan kacau sehingga benar-benar cair dan rata.
c) Keluarkan periuk dari api dan masukkan ekstrak vanila.
d) Bahagikan bijirin nasi rangup kepada enam mangkuk yang berasingan.
e) Tambahkan beberapa titisan pewarna makanan berwarna berbeza pada setiap mangkuk untuk mencipta spektrum pelangi (merah, oren, kuning, hijau, biru, ungu). Kacau sehingga warna sekata.
f) Masukkan campuran marshmallow cair ke setiap mangkuk, satu warna pada satu masa, dan kacau untuk menyalut bijirin sepenuhnya dalam setiap warna.
g) Lapiskan adunan berlainan warna ke dalam loyang pembakar 9x13 inci yang telah digris, tekan setiap lapisan dengan kuat.
h) Benarkan hidangan rangup pelangi sejuk dan set sepenuhnya.
i) Setelah ditetapkan, potong hidangan menjadi segi empat sama atau gunakan pemotong biskut berbentuk pelangi untuk mencipta bentuk pelangi.

UNTUK MAGIC RAINBOW KRISPIE POPS:
j) Masukkan batang lolipop ke dalam setiap hidangan rangup pelangi untuk menghasilkan pop.

k) Pecahkan CandiQuik kepada kepingan dan letakkan dalam mangkuk kalis haba. Cairkan CandiQuik mengikut arahan pakej. Biasanya, ini melibatkan gelombang mikro dalam selang 30 saat sehingga cair sepenuhnya.
l) Celupkan setiap pop rangup pelangi ke dalam CandiQuik yang dicairkan, memastikan salutan yang sekata.
m) Pilihan: Semasa salutan CandiQuik masih basah, taburkan kilauan yang boleh dimakan atau taburan berwarna-warni di atas untuk sentuhan ajaib.
n) Letakkan pop rangup pelangi bersalut pada dulang beralas kertas.
o) Biarkan salutan CandiQuik mengeras sepenuhnya sebelum dihidangkan.

68. Lolipop Kuih Cip Coklat CandiQuik

BAHAN-BAHAN:
- Doh biskut coklat (buatan sendiri atau dibeli di kedai)
- 1 bungkusan CandiQuik (salut gula-gula berperisa vanila)
- Batang lolipop atau kayu pop biskut

ARAHAN:
a) Panaskan ketuhar anda mengikut resipi doh biskut coklat atau arahan pakej.
b) Sediakan adunan biskut coklat mengikut resipi atau arahan pakej.
c) Cedok atau canai doh biskut menjadi bebola kecil bersaiz sama.
d) Masukkan batang lolipop atau kayu pop kuki ke dalam setiap bebola doh biskut, pastikan ia terpasang dengan selamat.
e) Letakkan doh biskut di atas lembaran pembakar yang dialas kertas, tinggalkan sedikit ruang di antara setiap satu.
f) Bakar doh biskut mengikut resipi doh biskut coklat atau arahan pakej. Benarkan mereka sejuk sepenuhnya.
g) Pecahkan CandiQuik kepada kepingan dan letakkan dalam mangkuk kalis haba. Cairkan CandiQuik mengikut arahan pakej. Biasanya, ini melibatkan gelombang mikro dalam selang 30 saat sehingga cair sepenuhnya.
h) Celupkan setiap kuki yang disejukkan ke dalam CandiQuik yang telah cair, pastikan ia bersalut sepenuhnya.
i) Biarkan sebarang salutan CandiQuik yang berlebihan menitis, kemudian letakkan biskut bersalut pada dulang beralas kulit.
j) Biarkan salutan CandiQuik mengeras sepenuhnya.
k) Setelah ditetapkan, Lollipop Kuki Coklat anda sedia untuk dinikmati!

69.Kuih Kuih Turki CandiQuik

BAHAN-BAHAN:
- Biskut gula bulat
- 1 bungkusan (16 auns) Candy Coating CandiQuik
- Mata gula-gula
- Gula-gula jagung
- Renda licorice merah untuk wattle

ARAHAN:
a) Cairkan Candy Coating CandiQuik mengikut arahan pakej.
b) Celupkan setiap biskut gula ke dalam CandiQuik yang telah dicairkan untuk menyalutinya.
c) Letakkan dua mata gula-gula pada biskut bersalut.
d) Lekatkan jagung gula-gula di bawah mata untuk mencipta paruh ayam belanda.
e) Tambah sekeping kecil renda likuoris merah untuk wattle.
f) Biarkan salutan mengeras sebelum dihidangkan.

70. Lollipop Kuki Peppermint CandiQuik

BAHAN-BAHAN:
- Biskut berperisa pudina
- 1 bungkusan (16 auns) Candy Coating CandiQuik
- Gula-gula pudina yang dihancurkan atau tongkat gula-gula untuk hiasan
- Batang lolipop

ARAHAN:
a) Sediakan biskut perisa pudina anda. Jika anda membuatnya dari awal, pastikan ia disejukkan sepenuhnya sebelum meneruskan.
b) Cairkan Candy Coating CandiQuik mengikut arahan pakej. Anda boleh menggunakan mangkuk selamat gelombang mikro atau dandang berganda untuk mencairkan.
c) Masukkan batang lolipop ke bahagian tengah setiap kuki pudina, pastikan ia selamat.
d) Celupkan setiap kuki ke dalam CandiQuik yang telah dicairkan, pastikan keseluruhan kuki bersalut.
e) Biarkan lebihan salutan menitis, dan kemudian letakkan biskut di atas dulang beralas kulit.
f) Semasa salutan masih basah, taburkan gula-gula pudina yang dihancurkan atau kepingan gula-gula di atasnya untuk sentuhan perayaan.
g) Benarkan salutan CandiQuik ditetapkan sepenuhnya. Anda boleh mempercepatkan proses dengan meletakkan dulang di dalam peti sejuk.
h) Setelah ditetapkan, Lollipop Kuki Peppermint ini sedia untuk dihidangkan.
i) Susunkannya dalam pasu atau bekas hiasan untuk paparan perayaan.
j) Hidangkan dan nikmati Lollipop Kuki Peppermint CandiQuik yang menarik ini semasa musim cuti atau pada sebarang majlis khas!

71. CandiQuik Mummy Cookie Pops

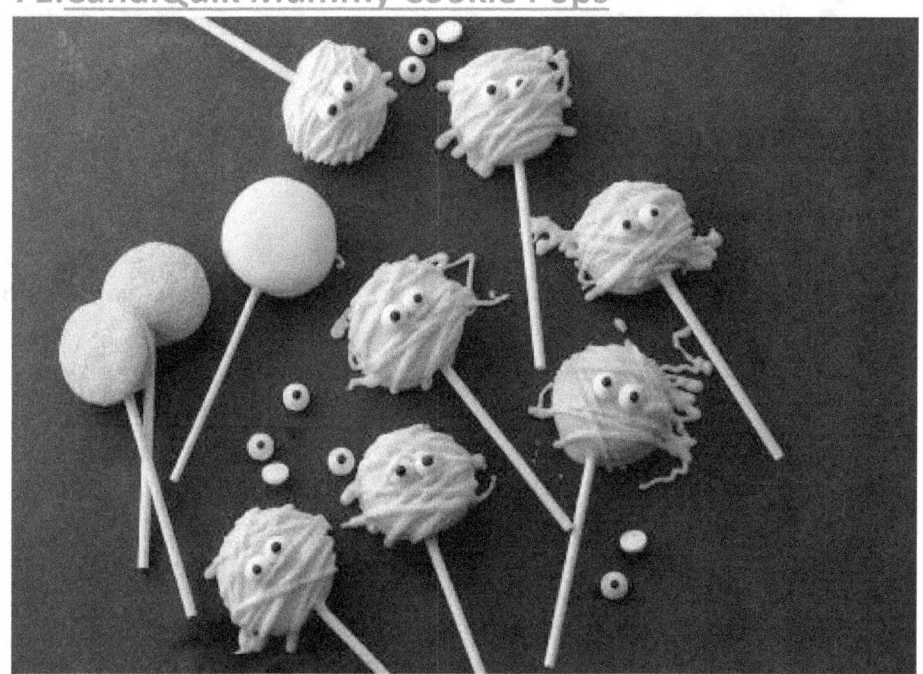

BAHAN-BAHAN:
- Kuki gula (disediakan menggunakan resipi kegemaran anda atau yang dibeli di kedai)
- 1 bungkusan (16 auns) Candy Coating CandiQuik
- Mata gula-gula

ARAHAN:
a) Cairkan Candy Coating CandiQuik mengikut arahan pakej.
b) Celupkan setiap kuki ke dalam CandiQuik yang telah dicairkan untuk menyalutinya.
c) Biarkan lebihan salutan menitis, dan kemudian letakkan kuki bersalut pada dulang beralas kulit.
d) Gunakan CandiQuik cair tambahan untuk membuat pembalut mumia pada setiap kuki.
e) Letakkan mata gula-gula pada bahagian bersalut.
f) Biarkan salutan mengeras sebelum dihidangkan.

72. Lolipop Hati

BAHAN-BAHAN:
- salutan vanila CandiQuik
- Batang lolipop
- Pewarna makanan (pilihan)

ARAHAN:
a) Cairkan salutan vanila CandiQuik mengikut arahan pakej.
b) Jika mahu, tambah pewarna makanan untuk mencapai warna yang dikehendaki.
c) Tuangkan salutan cair ke dalam acuan berbentuk hati.
d) Letakkan batang lolipop dalam setiap acuan, pastikan ia ditutup sepenuhnya dengan salutan.
e) Benarkan lolipop diletakkan di dalam peti sejuk atau pada suhu bilik.

73. Kek Strawberi Shortcake Pops

BAHAN-BAHAN:

UNTUK KEK STRAWBERI:
- 1 kotak campuran kek strawberi (tambah bahan yang disenaraikan di kotak)

UNTUK PENGISIAN SHORTCAKE STRAWBERI:
- 1 cawan strawberi segar yang dipotong dadu
- 2 sudu besar gula

UNTUK PERHIMPUNAN CAKE POP :
- 1 bungkusan CandiQuik (salut gula-gula berperisa vanila)
- Batang lolipop atau batang pop kek
- Cip coklat putih atau gula-gula putih cair (untuk hiasan)
- Taburan atau hiasan yang boleh dimakan (pilihan)

ARAHAN:

UNTUK KEK STRAWBERI:
a) Panaskan ketuhar anda mengikut arahan campuran kek strawberi.
b) Sediakan adunan kek strawberi mengikut arahan pada kotak.
c) Bakar kek mengikut arahan dan biarkan ia sejuk sepenuhnya.

UNTUK PENGISIAN SHORTCAKE STRAWBERI:
d) Dalam mangkuk, campurkan strawberi yang dipotong dadu dengan gula. Biarkan mereka duduk selama kira-kira 10 minit untuk memerah dan mengeluarkan jusnya.
e) Tapis strawberi untuk mengeluarkan cecair yang berlebihan, meninggalkan anda dengan kepingan strawberi manis.

UNTUK PERHIMPUNAN CAKE POP :
f) Dalam mangkuk adunan besar, hancurkan kek strawberi yang telah disejukkan menjadi serbuk halus.
g) Masukkan kepingan strawberi manis ke dalam serbuk kek dan gaul sehingga sebati.
h) Gulungkan adunan kek ke dalam bebola kek kecil dan letakkan di atas dulang yang dialas kertas.
i) Pecahkan CandiQuik kepada kepingan dan letakkan dalam mangkuk kalis haba. Cairkan CandiQuik mengikut arahan pakej.
j) Celupkan hujung setiap batang lolipop ke dalam CandiQuik yang telah cair dan masukkan ke dalam bebola kek, kira-kira separuh jalan. Ini membantu kayu kekal di tempatnya.

k) Celupkan setiap kek pop ke dalam CandiQuik cair, pastikan ia bersalut sepenuhnya.
l) Biarkan lebihan salutan CandiQuik menitis, kemudian letakkan kek pop di atas dulang beralas kertas parchment.
m) Pilihan: Semasa salutan CandiQuik masih basah, hiasi kek pop dengan cip coklat putih atau gula-gula putih cair untuk menyerupai krim putar. Tambah taburan atau hiasan yang boleh dimakan jika mahu.
n) Biarkan salutan CandiQuik mengeras sepenuhnya.
o) Setelah set, Strawberry Shortcake Cake Pops anda sedia untuk dinikmati!

74. Kek Limau Kunci CandiQuik Meletus

BAHAN-BAHAN:
- Kek limau utama (disediakan menggunakan resipi kegemaran anda atau yang dibeli di kedai)
- 1 bungkusan (16 auns) Candy Coating CandiQuik
- Pewarna makanan hijau (pilihan)

ARAHAN:
a) Cairkan Candy Coating CandiQuik mengikut arahan pakej.
b) Celupkan setiap kek pop ke dalam CandiQuik cair untuk menyalutnya.
c) Jika dikehendaki, tambahkan beberapa titis pewarna makanan hijau pada salutan cair untuk warna limau utama.
d) Biarkan salutan mengeras sebelum dihidangkan.

PRETZELS

75. Pretzel Kaktus CandiQuik

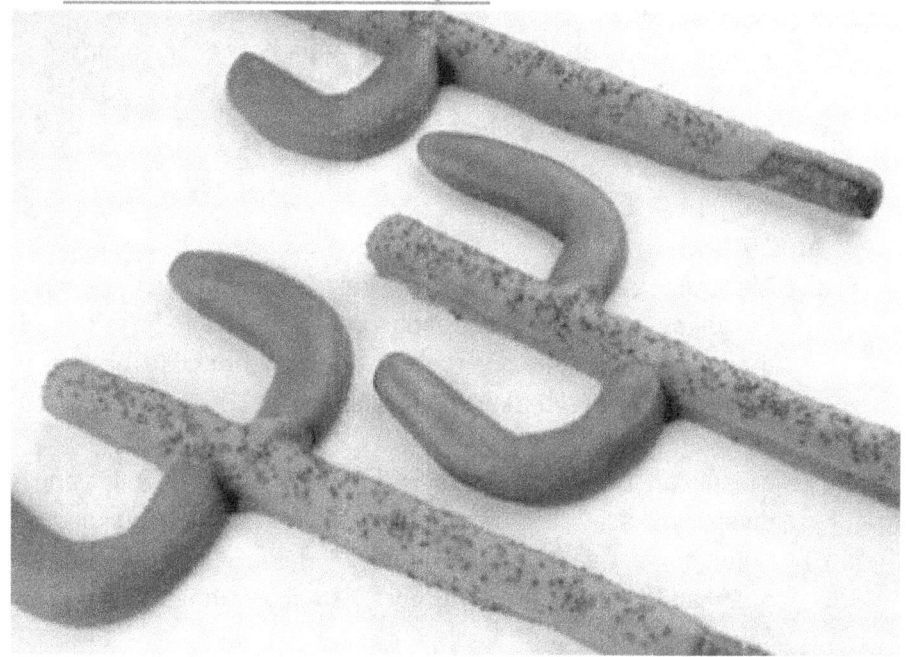

BAHAN-BAHAN:
- Batang pretzel
- 1 bungkusan CandiQuik (salut gula-gula berperisa vanila)
- Pewarna makanan hijau
- Pelbagai taburan atau hiasan gula-gula
- Kertas perkamen

ARAHAN:
a) Alas dulang atau loyang dengan kertas parchment.
b) Pecahkan CandiQuik kepada kepingan dan letakkan dalam mangkuk kalis haba. Cairkan CandiQuik mengikut arahan pakej. Biasanya, ini melibatkan gelombang mikro dalam selang 30 saat sehingga cair sepenuhnya.
c) Masukkan pewarna makanan hijau pada CandiQuik yang telah dicairkan, kacau sehingga anda mencapai warna hijau yang terang.
d) Celupkan setiap batang pretzel ke dalam CandiQuik hijau cair, pastikan ia bersalut sepenuhnya. Gunakan sudu untuk membantu salutan jika perlu.
e) Biarkan sebarang salutan CandiQuik yang berlebihan menitis, kemudian letakkan batang pretzel bersalut di atas kertas kulit.
f) Semasa salutan CandiQuik masih basah, hiasi pretzel kaktus dengan pelbagai taburan atau hiasan gula-gula untuk menyerupai pancang pada kaktus. Jadilah kreatif dan berseronok dengan hiasan!
g) Biarkan salutan CandiQuik mengeras sepenuhnya.
h) Setelah ditetapkan, Cactus Pretzel anda sedia untuk dinikmati!

76. Pretzel Hantu CandiQuik

BAHAN-BAHAN:
- Batang pretzel
- 1 bungkusan (16 auns) Candy Coating CandiQuik
- Cip coklat mini atau mata gula-gula

ARAHAN:
a) Cairkan Candy Coating CandiQuik mengikut arahan pakej.
b) Celupkan setiap batang pretzel ke dalam CandiQuik yang telah cair, salutkannya sepenuhnya.
c) Letakkan dua cip coklat mini atau mata gula-gula pada bahagian bersalut untuk mencipta mata hantu.
d) Biarkan salutan mengeras sebelum dihidangkan.

77. Pretzel Rama-rama CandiQuik

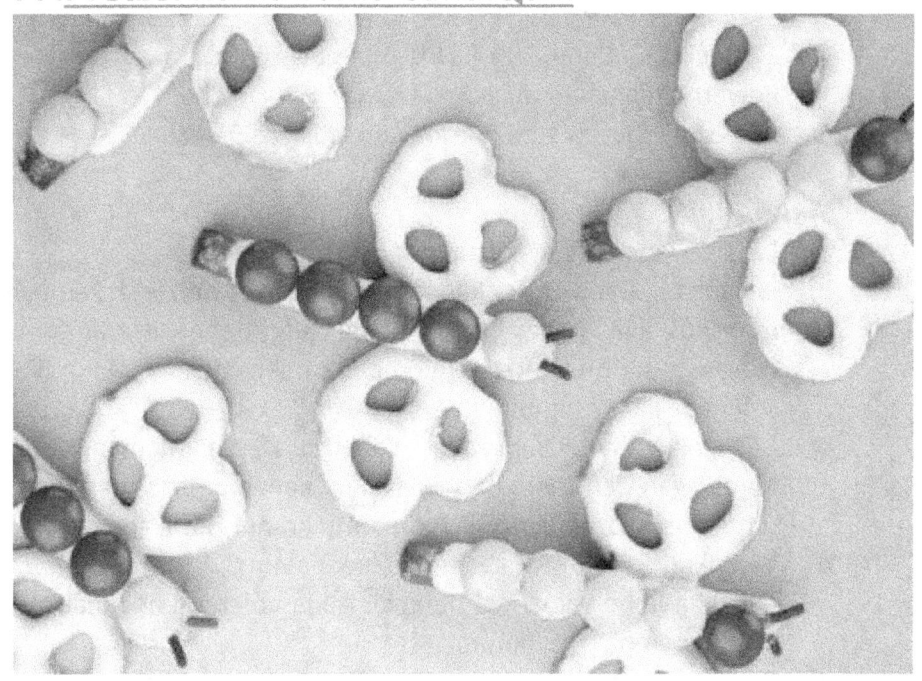

BAHAN-BAHAN:
- Pretzel berpusing
- 1 bungkusan CandiQuik (salut gula-gula berperisa vanila)
- Pewarna makanan (pelbagai warna)
- Pelbagai taburan atau hiasan yang boleh dimakan

ARAHAN:
a) Lapik loyang dengan kertas parchment.
b) Pecahkan CandiQuik kepada kepingan dan letakkan dalam mangkuk kalis haba. Cairkan CandiQuik mengikut arahan pakej. Biasanya, ini melibatkan gelombang mikro dalam selang 30 saat sehingga cair sepenuhnya.
c) Bahagikan CandiQuik yang telah cair ke dalam mangkuk yang berasingan dan tambah pewarna makanan pada setiap mangkuk untuk mencipta pelbagai warna untuk rama-rama anda.
d) Celupkan setiap twist pretzel ke dalam CandiQuik berwarna, pastikan ia bersalut sepenuhnya. Anda boleh menggunakan sudu untuk membantu salutan.
e) Biarkan sebarang salutan CandiQuik yang berlebihan menitis, kemudian letakkan lilitan pretzel bersalut pada lembaran pembakar yang dialas kertas parchment.
f) Sebelum set salutan CandiQuik, tambahkan pelbagai taburan atau hiasan yang boleh dimakan untuk mencipta sayap dan badan rama-rama. Anda boleh menjadi kreatif dengan reka bentuk.
g) Biarkan salutan CandiQuik mengeras sepenuhnya.
h) Setelah ditetapkan, Butterfly Pretzel anda sedia untuk dinikmati!

78. CandiQuik Shamrock Pretzel

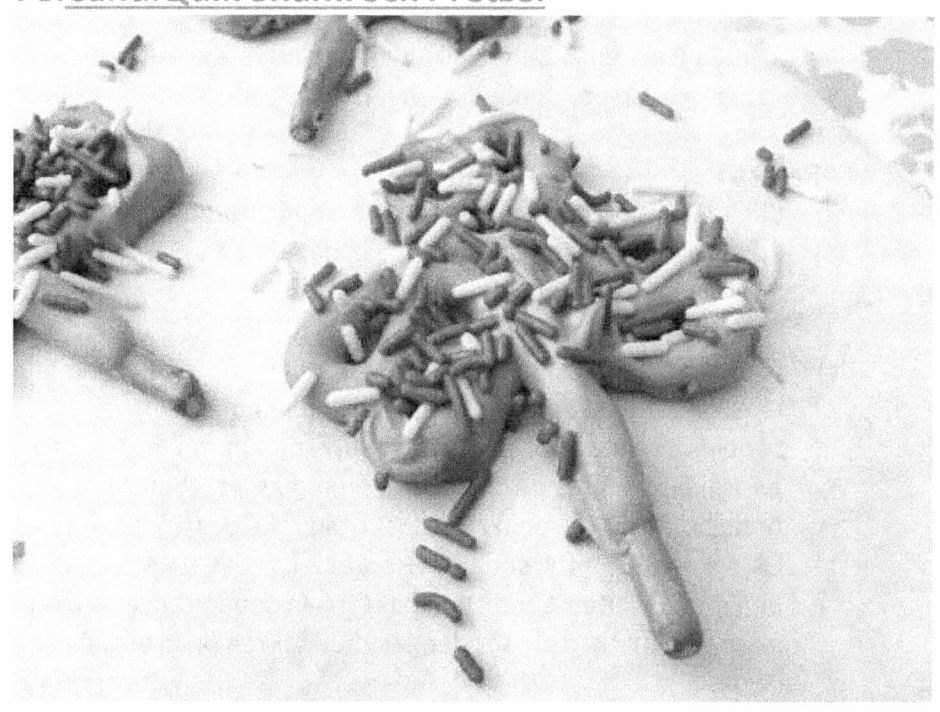

BAHAN-BAHAN:
- Pretzel berpusing
- Salutan Gula-gula CandiQuik (warna hijau)
- Taburan hijau atau gula pasir hijau

ARAHAN:
a) Cairkan Candy Coating CandiQuik mengikut arahan pakej.
b) Celupkan setiap twist pretzel ke dalam CandiQuik yang telah dicairkan, pastikan ia bersalut sepenuhnya. Anda boleh menggunakan garpu atau penyepit untuk ini.
c) Biarkan sebarang salutan yang berlebihan menitis, kemudian letakkan pretzel bersalut pada kertas parchment.
d) Sebelum salutan ditetapkan, taburkan taburan hijau atau gula pasir hijau ke atas pretzel untuk menghasilkan bentuk shamrock. Anda boleh menggunakan stensil atau reka bentuk secara bebas.
e) Ulangi proses untuk setiap twist pretzel.
f) Benarkan salutan CandiQuik ditetapkan sepenuhnya. Anda boleh mempercepatkan proses dengan meletakkan pretzel di dalam peti sejuk.
g) Setelah salutan ditetapkan sepenuhnya, CandiQuik Shamrock Pretzel anda sedia untuk dinikmati!

79.Batang Pretzel Tahun Baru CandiQuik

BAHAN-BAHAN:
- Batang pretzel
- 1 bungkusan (16 auns) Candy Coating CandiQuik
- Taburan dalam pelbagai warna Malam Tahun Baru

ARAHAN:
a) Cairkan Candy Coating CandiQuik mengikut arahan pakej. Anda boleh menggunakan mangkuk selamat gelombang mikro atau dandang berganda untuk mencairkan.
b) Celupkan setiap batang pretzel ke dalam CandiQuik yang telah dicairkan, salutkannya dengan rata. Gunakan sudu atau spatula untuk membantu menyebarkan salutan jika perlu.
c) Biarkan lebihan salutan menitis, dan kemudian letakkan batang pretzel bersalut pada dulang beralas kulit.
d) Sebelum set salutan, taburkan batang pretzel dengan taburan bertemakan Malam Tahun Baru. Anda boleh menggunakan pelbagai warna dan bentuk untuk menjadikannya meriah.
e) Benarkan salutan CandiQuik ditetapkan sepenuhnya. Anda boleh mempercepatkan proses dengan meletakkan dulang di dalam peti sejuk.
f) Setelah ditetapkan, susunkan Batang Pretzel Tahun Baru di atas pinggan hidangan atau dalam bekas hiasan.
g) Hidangkan dan nikmati hidangan manis dan masin ini pada perayaan Malam Tahun Baru anda!

80. Pretzel Bunny CandiQuik

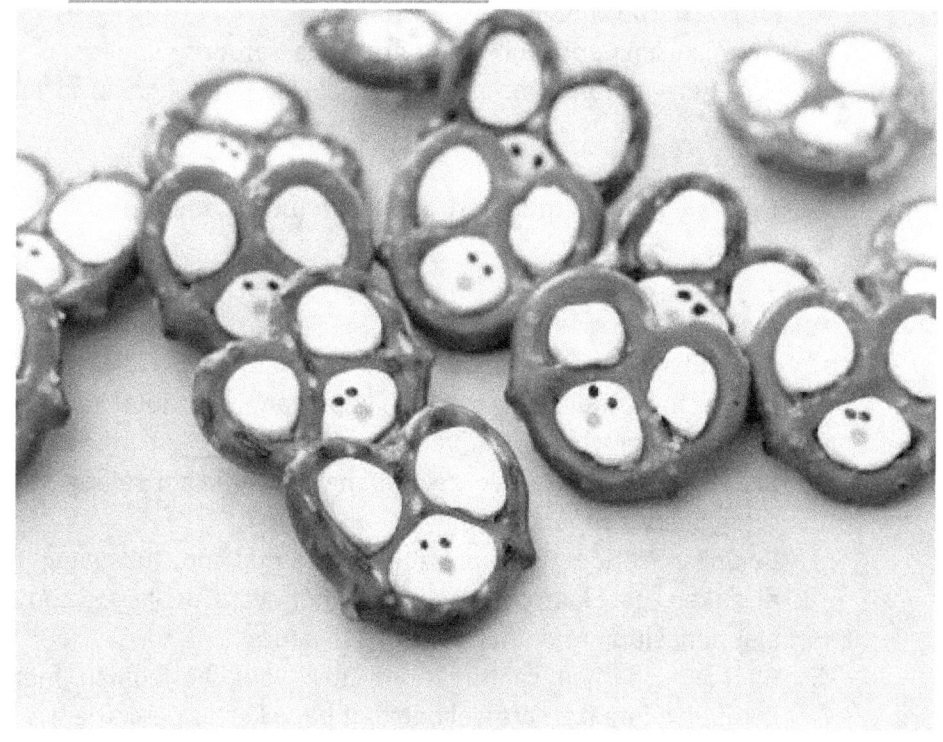

BAHAN-BAHAN:
- Pretzel berpusing
- 1 bungkusan CandiQuik (salut gula-gula berperisa vanila)
- Gula-gula merah jambu cair atau coklat putih berwarna merah jambu
- Mata gula-gula
- Taburan merah jambu berbentuk hati (untuk hidung)
- Kertas perkamen

ARAHAN:
a) Alas dulang atau loyang dengan kertas parchment.
b) Pecahkan CandiQuik kepada kepingan dan letakkan dalam mangkuk kalis haba. Cairkan CandiQuik mengikut arahan pakej. Biasanya, ini melibatkan gelombang mikro dalam selang 30 saat sehingga cair sepenuhnya.
c) Celupkan setiap twist pretzel ke dalam CandiQuik yang telah dicairkan, pastikan ia bersalut sepenuhnya. Gunakan garpu atau alat pencelup untuk membantu menyalut.
d) Biarkan sebarang salutan CandiQuik yang berlebihan menitis, kemudian letakkan pretzel bersalut pada kertas parchment.
e) Semasa salutan CandiQuik masih basah, pasangkan mata gula-gula pada bahagian atas setiap pretzel bersalut. Anda boleh menggunakan sedikit CandiQuik cair sebagai "gam" untuk mata.
f) Letakkan taburan merah jambu berbentuk hati di bawah mata untuk mencipta hidung arnab.
g) Celupkan pencungkil gigi atau perkakas kecil ke dalam gula-gula merah jambu cair atau coklat putih berwarna merah jambu, dan gunakannya untuk menarik telinga arnab di bahagian atas setiap pretzel bersalut.
h) Biarkan salutan gula-gula mengeras sepenuhnya.
i) Setelah ditetapkan, Pretzel Bunny anda sedia untuk dinikmati!

81. Gigitan Pretzel Karamel CandiQuik

BAHAN-BAHAN:
- Petak pretzel atau pretzel mini
- 1 paket salutan vanila CandiQuik
- 1 cawan gula-gula karamel, tidak dibalut
- 2 sudu besar susu

ARAHAN:
a) Cairkan salutan vanila CandiQuik mengikut arahan pakej.
b) Celupkan setiap pretzel persegi atau pretzel mini ke dalam salutan vanila cair, pastikan ia bersalut dengan baik.
c) Biarkan salutan berlebihan menitis sebelum meletakkan pretzel bersalut pada dulang beralas kertas kulit.
d) Dalam mangkuk yang berasingan, cairkan gula-gula karamel dengan susu sehingga rata.
e) Siram karamel yang telah dicairkan ke atas pretzel bersalut vanila.
f) Benarkan salutan dan karamel ditetapkan pada suhu bilik atau di dalam peti sejuk.
g) Setelah set, hidangkan dan nikmati gigitan pretzel karamel CandiQuik yang lazat ini.

BARKS DAN CLUSTER

82.Kulit Pudina CandiQuik

BAHAN-BAHAN:
- 1 bungkusan (16 auns) Candy Coating CandiQuik (coklat putih)
- ½ sudu teh ekstrak pudina
- Tongkat gula-gula yang dihancurkan atau gula-gula pudina

ARAHAN:
a) Lapik loyang dengan kertas parchment.
b) Dalam mangkuk selamat gelombang mikro atau menggunakan dandang berkembar, cairkan Candy Coating CandiQuik mengikut arahan pakej.
c) Setelah cair, kacau dalam ekstrak pudina, pastikan ia sebati dengan coklat putih.
d) Tuangkan CandiQuik yang telah dicairkan ke atas loyang yang telah disediakan, ratakan ke dalam lapisan sekata dengan spatula.
e) Taburkan gula-gula atau gula-gula pudina yang telah dihancurkan ke atas coklat putih yang telah dicairkan, tekan sedikit supaya ia melekat.
f) Biarkan kulit pudina sejuk dan tetapkan sepenuhnya. Anda boleh mempercepatkan proses dengan meletakkannya di dalam peti sejuk.
g) Setelah ditetapkan, pecahkan kulit pudina kepada kepingan yang lebih kecil.
h) Simpan Kulit Peppermint CandiQuik dalam bekas kedap udara pada suhu bilik atau dalam peti sejuk.
i) Hidangkan dan nikmati hidangan perayaan dan manis ini!

83.Kulit Koboi CandiQuik

BAHAN-BAHAN:
- 1 bungkusan CandiQuik (salut gula-gula berperisa vanila)
- 1 cawan pretzel mini
- 1 cawan keropok masin, dipecahkan
- ½ cawan ketul gula-gula
- ½ cawan kacang tanah panggang dan masin
- ¼ cawan cip coklat mini
- ¼ cawan cip coklat susu
- Garam laut untuk taburan (pilihan)

ARAHAN:
a) Lapik loyang dengan kertas parchment.
b) Pecahkan CandiQuik kepada kepingan dan letakkan dalam mangkuk kalis haba. Cairkan CandiQuik mengikut arahan pakej. Biasanya, ini melibatkan gelombang mikro dalam selang 30 saat sehingga cair sepenuhnya.
c) Dalam mangkuk adunan yang besar, gabungkan pretzel mini, keropok masin, bit gula-gula, kacang tanah panggang, cip coklat mini dan cip coklat susu.
d) Tuangkan CandiQuik yang telah dicairkan ke atas bahan kering dan kacau sehingga semuanya bersalut.
e) Sapukan adunan secara rata pada loyang yang telah disediakan.
f) Pilihan: Taburkan sedikit garam laut di bahagian atas untuk kontras rasa manis dan masin.
g) Benarkan Kulit Koboi sejuk dan mengeras sepenuhnya. Anda boleh mempercepatkan proses ini dengan meletakkannya di dalam peti sejuk.
h) Setelah set sepenuhnya, pecahkan Kulit Koboi kepada kepingan bersaiz gigitan.
i) Simpan Kulit Koboi dalam bekas kedap udara pada suhu bilik.

84. Kulit Kuki Pudina

BAHAN-BAHAN:
- 1 (16 auns) bungkusan Vanilla CandiQuik Coating
- ¾ cawan biskut OREO pudina, hancur menjadi kepingan besar
- Taburan hijau

ARAHAN:
a) Cairkan Lapisan Vanila CandiQuik dalam Cairkan dan Buat Dulang Boleh Ketuhar Mikro mengikut arahan pada bungkusan.
b) Masukkan ½ cawan biskut OREO yang dicincang ke dalam dulang dan kacau hingga sebati. Tuangkan adunan ke atas sehelai kertas lilin yang besar. Gunakan spatula untuk melicinkan sama rata kepada kira-kira ¼" tebal.
c) Taburkan baki ¼ cawan biskut yang dihancurkan dan taburan hijau di atasnya. Sejukkan selama kira-kira 10 minit atau sehingga set sepenuhnya.
d) Setelah set, potong atau pecahkan.
e) Anda juga boleh menyebarkan campuran kulit kayu ke atas sehelai kertas lilin yang besar di atas permukaan yang rata.

85.Kluster Kacang Cranberry Cinnamon

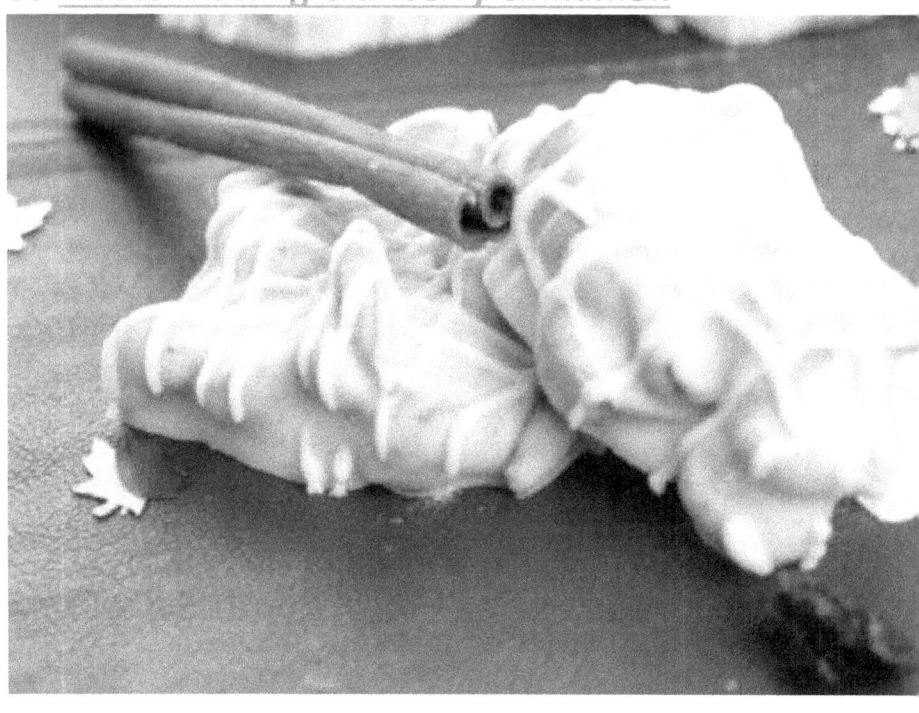

BAHAN-BAHAN:
- 1 (16 oz) bungkusan Vanilla CandiQuik Candy Coating
- 1 sudu teh kayu manis
- 1 ¼ cawan kacang campuran
- ¼ cawan cranberi kering

ARAHAN:
a) Cairkan Vanila CandiQuik Salutan dalam Melt and Make™ Microwaveable Tray mengikut arahan pakej.
b) Kacau kayu manis ke dalam CandiQuik cair; tambah lebih atau kurang mengikut citarasa anda.
c) Tuangkan kacang campuran dan cranberi kering terus ke dalam dulang salutan; kacau hingga menyalut.
d) Titiskan demi sesudu pada kertas lilin untuk membentuk kelompok; biarkan set.

86. Kulit Badam Coklat

BAHAN-BAHAN:
- 1 paket salutan coklat CandiQuik
- 1 cawan badam, dicincang
- ½ sudu teh ekstrak badam

ARAHAN:
a) Cairkan salutan coklat CandiQuik mengikut arahan pakej.
b) Masukkan badam cincang dan ekstrak badam sehingga sebati.
c) Tuangkan adunan ke atas dulang beralas kertas parchment, ratakan.
d) Biarkan ia sejuk dan mengeras pada suhu bilik atau dalam peti sejuk.
e) Setelah ditetapkan, pecahkan kulit kayu dan nikmatilah!

87. Kulit Kluster Coklat Buah dan Kacang

BAHAN-BAHAN:
- 1 paket salutan coklat CandiQuik
- ½ cawan cranberry kering
- ½ cawan pistachio cincang
- ½ cawan kelapa parut

ARAHAN:
a) Cairkan salutan coklat CandiQuik mengikut arahan pakej.
b) Masukkan cranberry kering, pistachio cincang, dan kelapa parut sehingga diedarkan dengan baik.
c) Tuangkan adunan ke atas dulang beralas kertas parchment, ratakan.
d) Biarkan ia sejuk dan mengeras pada suhu bilik atau dalam peti sejuk.
e) Setelah ditetapkan, pecahkan kulit gugusan menjadi kepingan dan nikmati gabungan rasa yang menarik.

88. Karamel Masin dan Pecan Turtles

BAHAN-BAHAN:
- CandiQuik (rasa karamel)
- Pecan separuh
- Garam laut

ARAHAN:
a) Cairkan CandiQuik berperisa karamel mengikut arahan pakej.
b) Letakkan gugusan bahagian pecan di atas dulang beralas kertas kulit.
c) Sendukkan CandiQuik yang telah dicairkan pada setiap kelompok, pastikan pecan ditutup.
d) Taburkan secubit garam laut ke atas setiap penyu.
e) Biarkan CandiQuik mengeras sebelum dihidangkan.

CAMPURAN SNEK

89. Churro Chow

BAHAN-BAHAN:
- 8 cawan petak bijirin beras rangup (seperti Rice Chex)
- 1 bungkusan CandiQuik (salut gula-gula berperisa vanila)
- ½ cawan mentega tanpa garam
- ¼ cawan gula pasir
- 1 sudu teh kayu manis tanah
- ½ sudu teh ekstrak vanila
- 1 ½ cawan gula tepung
- Kayu manis tanah tambahan untuk habuk

ARAHAN:
a) Letakkan petak bijirin beras rangup dalam mangkuk adunan yang besar. Mengetepikan.
b) Dalam periuk bersaiz sederhana, cairkan CandiQuik dan mentega dengan api perlahan. Kacau selalu untuk mengelakkan hangus.
c) Setelah cair, masukkan gula pasir, kayu manis yang dikisar, dan ekstrak vanila ke dalam periuk. Kacau sehingga gula larut, dan adunan sebati.
d) Tuangkan adunan CandiQuik yang telah dicairkan ke atas petak bijirin beras yang rangup, pastikan ia disalut dengan rata. Gunakan spatula untuk mengadun perlahan-lahan dan menyalut bijirin.
e) Dalam beg berzip besar, masukkan gula tepung. Pindahkan petak bijirin bersalut ke dalam beg.
f) Tutup beg dan goncangkannya dengan kuat untuk menyalut petak bijirin dengan gula tepung.
g) Sapukan Churro Chow ke atas loyang beralas kertas untuk menyejukkan.
h) Setelah sejuk, taburkan Churro Chow dengan kayu manis kisar tambahan untuk rasa tambahan.
i) Simpan dalam bekas kedap udara.

90. Campuran Snek Umpan Bunny CandiQuik

BAHAN-BAHAN:
- 1 bungkusan CandiQuik (salut gula-gula berperisa vanila)
- 4 cawan popcorn
- 2 cawan batang pretzel
- 1 cawan marshmallow mini
- MandM berwarna pastel atau coklat bersalut gula-gula lain
- Taburan bertemakan Paskah

ARAHAN:
a) Lapik loyang besar dengan kertas parchment.
b) Dalam mangkuk adunan yang besar, satukan popcorn yang telah meletus, batang pretzel dan marshmallow mini.
c) Pecahkan CandiQuik kepada kepingan dan letakkan dalam mangkuk kalis haba. Cairkan CandiQuik mengikut arahan pakej. Biasanya, ini melibatkan gelombang mikro dalam selang 30 saat sehingga cair sepenuhnya.
d) Tuangkan CandiQuik yang telah dicairkan ke atas adunan popcorn, menggunakan spatula untuk melambung dan menyalut bahan-bahan tersebut secara perlahan-lahan.
e) Sapukan adunan bersalut ke atas loyang yang disediakan dalam lapisan sekata.
f) Semasa salutan CandiQuik masih basah, taburkan coklat MandM berwarna pastel atau bersalut gula-gula di atasnya.
g) Tambahkan taburan bertemakan Paskah untuk sentuhan perayaan tambahan.
h) Biarkan Campuran Snek Umpan Bunny sejuk dan salutan CandiQuik mengeras sepenuhnya. Anda boleh mempercepatkan proses dengan meletakkannya di dalam peti sejuk.
i) Setelah ditetapkan, pecahkan adunan snek kepada kelompok bersaiz gigitan.
j) Simpan dalam bekas kedap udara.

91. CandiQuik Heart Munch

BAHAN-BAHAN:
- 1 bungkusan CandiQuik (salut gula-gula berperisa vanila)
- 4 cawan bijirin beras rangup (cth, Rice Chex)
- 2 cawan batang pretzel
- 1 cawan putar pretzel kecil
- 1 cawan gula-gula bertemakan Hari Valentine (cth, gula-gula berbentuk hati, MandM's)
- 1 cawan cranberi kering atau buah kering lain
- Taburan bertemakan Hari Valentine

ARAHAN:
a) Lapik loyang besar dengan kertas parchment.
b) Pecahkan CandiQuik kepada kepingan dan letakkan dalam mangkuk kalis haba. Cairkan CandiQuik mengikut arahan pakej. Biasanya, ini melibatkan gelombang mikro dalam selang 30 saat sehingga cair sepenuhnya.
c) Dalam mangkuk adunan yang besar, satukan bijirin beras rangup, batang pretzel, putar pretzel, gula-gula bertemakan Hari Valentine dan kranberi kering.
d) Tuangkan CandiQuik yang telah dicairkan ke atas adunan snek, menggunakan spatula untuk melambung dan menyalut bahan-bahan secara perlahan-lahan.
e) Sapukan adunan bersalut ke atas loyang yang disediakan dalam lapisan sekata.
f) Semasa salutan CandiQuik masih basah, taburkan taburan bertemakan Hari Valentine ke atas untuk sentuhan perayaan.
g) Biarkan Campuran Makanan Ringan Heart Munch sejuk dan salutan CandiQuik mengeras sepenuhnya. Anda boleh mempercepatkan proses dengan meletakkannya di dalam peti sejuk.
h) Setelah ditetapkan, pecahkan adunan snek kepada kelompok bersaiz gigitan.
i) Simpan dalam bekas kedap udara.

92. Kelompok Campuran Jejak CandiQuik

BAHAN-BAHAN:
- 1 bungkusan CandiQuik (salut gula-gula berperisa vanila)
- 2 cawan kacang campuran (badam, gajus, kacang tanah, dll.)
- 1 cawan batang pretzel, dipecahkan kepada kepingan kecil
- 1 cawan buah kering (kismis, cranberi, aprikot, dll.)
- 1 cawan gula-gula coklat (MandM, cip coklat, dll.)

ARAHAN:

a) Dalam mangkuk adunan yang besar, satukan kacang campuran, batang pretzel, buah kering dan gula-gula coklat. Campurkan mereka untuk membuat pengagihan bahan-bahan yang sekata.

b) Cairkan CandiQuik mengikut arahan pakej. Biasanya, ini melibatkan gelombang mikro dalam selang 30 saat sehingga cair sepenuhnya.

c) Tuangkan CandiQuik yang telah dicairkan ke atas bahan campuran jejak. Kacau rata untuk memastikan semua komponen disalut sama rata dalam salutan gula-gula.

d) Alaskan loyang dengan kertas minyak atau alas pembakar silikon.

e) Dengan menggunakan sudu atau senduk biskut, jatuhkan gugusan adunan jejak bersalut ke atas loyang yang disediakan.

f) Biarkan gugusan sejuk dan mengeras. Anda boleh mempercepatkan proses ini dengan meletakkan loyang di dalam peti sejuk selama kira-kira 15-20 minit.

g) Setelah gugusan ditetapkan sepenuhnya, keluarkannya dari loyang.

h) Simpan Kluster Campuran Jejak CandiQuik dalam bekas kedap udara pada suhu bilik.

i) Nikmati hidangan manis dan masin ini sebagai snek atau sebagai tambahan yang lazat pada pilihan campuran jejak anda!

93. CandiQuik Orange Creamsicle Puppy Chow

BAHAN-BAHAN:
- 9 cawan nasi atau jagung bijirin Chex
- 1 cawan cip coklat putih atau ketulan
- ½ cawan mentega tanpa garam
- ¼ cawan serbuk gelatin berperisa oren (seperti Jello)
- 1 sudu teh ekstrak vanila
- Serbuk sebiji oren (pilihan, untuk rasa tambahan)
- 2 cawan gula halus
- Pewarna makanan oren (pilihan, untuk warna yang cerah)

ARAHAN:
a) Sukat bijirin Chex ke dalam mangkuk adunan yang besar.
b) Dalam mangkuk selamat gelombang mikro, satukan cip coklat putih atau ketulan dan mentega. Ketuhar gelombang mikro dalam selang 30 saat, kacau selepas setiap selang, sehingga adunan cair sepenuhnya dan licin.
c) Masukkan serbuk gelatin berperisa oren dan ekstrak vanila ke dalam adunan coklat putih cair. Jika dikehendaki, tambahkan kulit oren untuk mendapatkan tambahan rasa sitrus.
d) Secara pilihan, tambahkan beberapa titis pewarna makanan oren untuk mencapai warna oren yang terang. Kacau sehingga sebati.
e) Tuangkan campuran krim oren ke atas bijirin Chex, lipat perlahan-lahan dan kacau sehingga semua bijirin bersalut sama rata.
f) Dalam beg plastik besar yang boleh ditutup semula, masukkan gula tepung.
g) Pindahkan bijirin Chex bersalut ke dalam beg dengan gula tepung.
h) Tutup beg dan goncangkannya dengan kuat sehingga bijirin disalut sepenuhnya dengan gula tepung.
i) Sapukan Orange Creamsicle Puppy Chow pada lembaran pembakar berlapik kertas untuk menyejukkan dan tetapkan.
j) Setelah sejuk, pecahkan adunan kepada kepingan bersaiz gigitan.
k) Simpan Orange Creamsicle Puppy Chow dalam bekas kedap udara.
l) Hidangkan dan nikmati hidangan manis dan sitrus ini!

94. Campuran Snek CandiQuik S'mores

BAHAN-BAHAN:
- 4 cawan petak bijirin graham
- 2 cawan marshmallow mini
- 2 cawan pretzel bersalut coklat
- 1 cawan kacang tanah panggang
- 1 paket salutan vanila CandiQuik
- 1 cawan cip coklat susu

ARAHAN:
a) Dalam mangkuk adunan yang besar, satukan petak bijirin graham, marshmallow mini, pretzel bersalut coklat dan kacang tanah panggang.
b) Cairkan salutan vanila CandiQuik mengikut arahan pakej.
c) Tuangkan salutan vanila cair ke atas campuran snek, kacau perlahan-lahan untuk menyalut.
d) Masukkan cip coklat susu dan gaul rata.
e) Sapukan adunan pada dulang beralas kertas parchment untuk menyejukkan dan tetapkan.
f) Setelah ditetapkan, pecahkan ke dalam kelompok dan nikmati campuran makanan ringan berinspirasikan s'mores yang lazat ini.

95. Campuran Parti Coklat Putih CandiQuik

BAHAN-BAHAN:
- 3 cawan bijirin beras petak
- 2 cawan pretzel twist
- 1 cawan cranberry kering
- 1 cawan badam, keseluruhan atau dihiris
- 1 paket salutan coklat putih CandiQuik
- 1 sudu teh ekstrak vanila

ARAHAN:
a) Dalam mangkuk adunan yang besar, satukan petak bijirin beras, pretzel, cranberi kering dan badam.
b) Cairkan salutan coklat putih CandiQuik mengikut arahan pakej.
c) Masukkan ekstrak vanila ke dalam coklat putih cair.
d) Tuangkan adunan coklat putih cair ke atas adunan snek, kacau perlahan-lahan hingga menyalut.
e) Sapukan adunan pada dulang beralas kertas parchment untuk menyejukkan dan tetapkan.
f) Setelah ditetapkan, pecahkan ke dalam kelompok dan nikmati campuran parti coklat putih yang manis dan rangup ini.

JAMUAN CUTI DAN SAMBUTAN

96. CandiQuik Halloween Cupcake Toppers

BAHAN-BAHAN:
- Kek cawan
- 1 bungkusan (16 auns) Candy Coating CandiQuik
- Taburan atau hiasan bertemakan Halloween

ARAHAN:
a) Cairkan Candy Coating CandiQuik mengikut arahan pakej.
b) Celupkan bahagian atas kek cawan ke dalam CandiQuik yang telah dicairkan, menghasilkan salutan yang licin.
c) Hiaskan dengan taburan atau hiasan bertemakan Halloween.
d) Biarkan salutan mengeras sebelum dihidangkan.

97.Tudung Graduasi CandiQuik

BAHAN-BAHAN:
- Kuki sandwic bersalut coklat (seperti kuki Oreo)
- 1 bungkusan CandiQuik (salut gula-gula berperisa vanila)
- Gula-gula coklat persegi (seperti petak karamel bersalut coklat atau pudina bersalut coklat)
- Petak gula-gula kecil (pilihan, untuk jumbai)
- Batang lolipop atau batang pop kek

ARAHAN:
a) Lapik loyang dengan kertas parchment.
b) Pecahkan CandiQuik kepada kepingan dan letakkan dalam mangkuk kalis haba. Cairkan CandiQuik mengikut arahan pakej. Biasanya, ini melibatkan gelombang mikro dalam selang 30 saat sehingga cair sepenuhnya.
c) Pisahkan biskut sandwic bersalut coklat dengan berhati-hati, biarkan isi krim tetap utuh.
d) Celupkan batang lolipop ke dalam CandiQuik yang telah dicairkan dan masukkannya ke dalam isi krim setiap kuki, mencipta alas untuk penutup pengijazahan.
e) Celupkan keseluruhan kuki ke dalam CandiQuik yang telah dicairkan, pastikan ia bersalut sepenuhnya. Benarkan sebarang salutan CandiQuik yang berlebihan menitis.
f) Letakkan biskut bersalut pada lembaran pembakar yang dialas kertas parchment.
g) Semasa salutan CandiQuik masih basah, perlahan-lahan tekan gula-gula coklat segi empat sama ke bahagian tengah setiap kuki untuk mencipta bahagian atas penutup pengijazahan.
h) Pilihan: Jika anda mempunyai petak gula-gula kecil, anda boleh menggunakannya untuk membuat jumbai. Lekatkan satu petak gula-gula kecil pada sisi gula-gula coklat segi empat sama dengan sapuan kecil CandiQuik cair.
i) Biarkan salutan CandiQuik mengeras sepenuhnya.
j) Setelah ditetapkan, Topi Pengijazahan anda sedia untuk dinikmati!

98.Cawan Taburan Patriotik CandiQuik

BAHAN-BAHAN:
- 1 bungkusan CandiQuik (salut gula-gula berperisa vanila)
- Taburan merah, putih, dan biru
- Pelapik kek cawan mini
- Mini cupcake pan

ARAHAN:
a) Lapik loyang mini cupcake dengan pelapik mini cupcake.
b) Pecahkan CandiQuik kepada kepingan dan letakkan dalam mangkuk kalis haba. Cairkan CandiQuik mengikut arahan pakej. Biasanya, ini melibatkan gelombang mikro dalam selang 30 saat sehingga cair sepenuhnya.
c) Sebaik sahaja CandiQuik cair, sudukan sedikit ke dalam setiap pelapik kek cawan mini, isikan kira-kira satu pertiga daripadanya.
d) Taburkan taburan merah, putih dan biru ke atas CandiQuik cair dalam setiap cawan. Anda boleh mencampurkan warna atau mencipta kesan berlapis dengan warna yang berbeza.
e) Tambah satu lagi lapisan CandiQuik cair di atas taburan, mengisi pelapik kek cawan kira-kira dua pertiga daripada perjalanan.
f) Taburkan lebih banyak taburan merah, putih dan biru di atas lapisan kedua CandiQuik cair.
g) Tambah lapisan akhir CandiQuik cair untuk mengisi pelapik kek cawan hampir ke bahagian atas.
h) Gunakan pencungkil gigi atau lidi untuk memutar perlahan-lahan lapisan bersama-sama, menghasilkan kesan marmar atau berpusar.
i) Tambah taburan tambahan di atas untuk hiasan.
j) Biarkan CandiQuik sejuk dan mengeras sepenuhnya.
k) Setelah ditetapkan, Piala Taburan Patriotik anda sedia untuk dinikmati!

99. Sarang Macaroon Kelapa Paskah

BAHAN-BAHAN:
- 3 cawan kelapa parut manis
- ¾ cawan susu pekat manis
- 1 sudu teh ekstrak vanila
- ¼ sudu teh garam
- 1 bungkusan CandiQuik (salut gula-gula berperisa vanila)
- Telur coklat mini atau kacang jeli (untuk mengisi sarang)
- Pewarna makanan hijau (pilihan, untuk mewarnakan kelapa)

ARAHAN:
a) Panaskan ketuhar anda kepada 325°F (163°C). Lapik loyang dengan kertas parchment.
b) Dalam mangkuk besar, satukan kelapa parut, susu pekat manis, ekstrak vanila dan garam. Gaul hingga sebati.
c) Jika mahu, tambahkan beberapa titis pewarna makanan hijau untuk mewarnakan bancuhan kelapa agar kelihatan seperti rumput. Gaul sehingga warna sekata.
d) Dengan menggunakan senduk biskut atau tangan anda, bentuk gundukan kecil bancuhan kelapa dan letakkannya di atas loyang yang disediakan, mencipta bentuk sarang dengan lekukan di tengah.
e) Bakar dalam ketuhar yang telah dipanaskan selama 12-15 minit atau sehingga bahagian tepi berwarna perang keemasan.
f) Biarkan sarang kelapa sejuk di atas loyang.
g) Pecahkan CandiQuik kepada kepingan dan letakkan dalam mangkuk kalis haba. Cairkan CandiQuik mengikut arahan pakej. Biasanya, ini melibatkan gelombang mikro dalam selang 30 saat sehingga cair sepenuhnya.
h) Sudukan sedikit CandiQuik cair ke tengah setiap sarang kelapa untuk membuat alas.
i) Letakkan telur coklat mini atau kacang jeli di tengah setiap sarang, tekan perlahan-lahan ke dalam CandiQuik yang telah cair.
j) Biarkan salutan CandiQuik mengeras sepenuhnya.
k) Setelah ditetapkan, Easter Coconut Macaroon Nests anda sedia untuk dinikmati!

100. CandiQuik Christmas Tree Rice Krispie Treats

BAHAN-BAHAN:
- 3 sudu besar Mentega Tanpa Masin
- 10 auns Marshmallow
- Pewarna Makanan Hijau
- 6 cawan Rice Krispies
- Taburan
- 20 Batang Pretzel Kecil
- 1 paket salutan coklat CandiQuik

ARAHAN:

a) Gris atau sembur loyang 9x13 inci dan ketepikan.

b) Dalam kuali besar, cairkan mentega dan marshmallow dengan api sederhana rendah, kacau sentiasa. Setelah hampir licin dan cair, masukkan pewarna makanan hijau sedikit demi sedikit sehingga anda mencapai warna pokok yang anda inginkan.

c) Setelah benar-benar licin dan hijau sempurna, keluarkan dari api dan kacau dalam Rice Krispies. Teruskan kacau sehingga semua bijirin bersalut.

d) Tekan adunan sama rata ke dalam kuali yang disediakan (anda boleh menggunakan tangan yang telah digris atau sekeping kertas lilin untuk melakukan ini).

e) Cairkan salutan coklat CandiQuik mengikut arahan pakej.

f) Potong satu potong bahagian tengah kuali (jalan jauh). Kemudian, potong setiap baris tersebut menjadi segi tiga (anda sepatutnya mempunyai baki 4 sisa, satu pada setiap sisi setiap baris).

g) Semasa adunan Rice Krispie masih hangat, gunakan CandiQuik yang telah dicairkan untuk menyiram di atas setiap hidangan berbentuk pokok untuk menghasilkan garis coklat.

h) Segera taburkan taburan bertemakan percutian untuk menambahkan sentuhan perayaan.

i) Letakkan batang pretzel kecil di bahagian bawah setiap pokok untuk menyerupai batang.

j) Biarkan hidangan sejuk selama sekurang-kurangnya 30 minit untuk membolehkan salutan CandiQuik ditetapkan.

KESIMPULAN

Apabila kita mencapai penghujung perjalanan manis kami melalui dunia gula-gula CandiQuik, saya harap anda telah menikmati menerokai kemungkinan salutan gula-gula yang tidak berkesudahan. Daripada hidangan klasik hingga karya moden, "Buku Masakan CandiQuik Essential" telah memberikan banyak inspirasi untuk meningkatkan permainan pencuci mulut anda.

Sambil anda meneruskan pengembaraan masakan anda, ingatlah bahawa keajaiban CandiQuik tiada sempadan. Sama ada anda membuat hadiah buatan sendiri, menganjurkan parti pencuci mulut, atau sekadar memanjakan diri anda dengan keseronokan yang manis, CandiQuik ialah senjata rahsia anda untuk mencipta kuih-muih yang tidak dapat dilupakan dan lazat.

Terima kasih kerana menyertai saya dalam perjalanan yang lazat ini. Semoga hidangan anda sentiasa manis, ciptaan anda sentiasa diilhamkan, dan dapur anda sentiasa dipenuhi dengan kegembiraan. Sehingga kita bertemu lagi, selamat baking!

www.ingramcontent.com/pod-product-compliance
Lightning Source LLC
Chambersburg PA
CBHW071314110526
44591CB00010B/880